KB198443

불안사회

일러두기 ─────────

1. 본문의 고딕체는 원서에서 이탤릭체로 강조한 것이다.
2. 인명은 모두 영문으로 통일하였다.

불안사회

한병철 지음 ─ 최지수 옮김

Der Geist der
Hoffnung
Byung-Chul Han

다산
초당

희망은 약동이요, 도약이다.

_ **가브리엘 마르셀**Gabriel Marcel

별에 아직 빛이 있다면
아무것도, 아무것도 잃은 것은 없다.

_ **파울 첼란**Paul Celan

한 시대를 대표하는 위태로움이 10년 전에는 '피로'였다면 지금은 '불안'이 아닐까 한다. 자기 자신을 채찍질하는 성과 주체로서 피로한 현대인에게 경종을 울렸던 『피로사회』 이후, 너무나 빠른 기술 발전과 전쟁, 기후 위기가 동시에 진행되는 상황에서 태연히 일상을 살아내야 하는 불안한 우리에게 다시 한번 깊은 생각을 하게 해주는 책이 바로 『불안사회』다.

불안은 피로와도 맥을 같이하는 듯하다. 탈진하

고 우울한 불안사회에서 사람들은 소비하고 긍정 심리를 연마하며 탈출구를 찾으려 애쓴다. 그러나 긍정성의 숭배는 고통을 개인에게 귀속시켜 자기 자신에게만 집중하게끔 만들고 사회를 탈연대화한다. 사람들은 점차 낮의 꿈, 미래의 꿈, 앞으로 도래할 것에 대해 사유하지 못하며 결속하지 못한다.

저자는 카뮈, 스피노자, 아렌트, 블로흐 그리고 하이데거가 말한 '희망'의 개념을 비판한다. 희망이 의지적 행위의 반대인 수동적이고 단념적인 행위라는 주장 그리고 희망이 의지적 행위 그 자체라는 주장을 모두 반박한다. 그리고 희망의 관조적 차원을 강조한다.

먼 곳, 초월적인 곳에서 느낄 수 있는 가능성의 영역이 바로 희망이라고 말하며 저자는 존재론적으로 불안이 아닌 희망의 현상학이 필요함을 역설한다. 존재론적 분석 방법론을 불안이 아닌 희망으로 삼아야 한다는 것이다.

우리는 살면서 절망의 바닥에 도달할 때가 종종 있다. 다시 올라올 힘이 없을 때, '희망의 정신'이 있어야 비로소 그 절망의 바닥에서 두 눈을 뜨고 내가 아직 살아 있음을 느낄 수 있다. 사랑의 수고로움이 모두 흩어져 사라지고 고요해진 밑바닥에서 손으로 다시 흙을 쥐는 순간, 아무도 정복할 수 없는 나만의 '바닷가의 보헤미아'가 내 안에 있음을 깨닫게 된다. 하벨과 첼란의 '그럼에도 불구하고'의 희망, 존재를 가능케 하는 탄생성을 지닌 희망이 우리 시대가 추구해야 할 정신이라고 생각한다.

또한 그러한 희망은 타인과 함께할 수 있다는 점에서 가치 있다. 공동체의 순환이 아닌 자기 자신, 자아Ego의 궁핍한 순환에 갇힌 피는 세상 밖으로 흘러나가지 못한다. 독일어로 '탄생'을 뜻하는 표현 중에는 '세상에 나오다'라는 말이 있다. 이는 한국어에도 존재하는 문구다. 내부에서 순환하는 것이 아니라, 죽음에의 불안에 이끌려서가 아니라, 아직 오지 않은 것이 실제 올 것인가의 여부와 관계없이 생각하는 희망의 정신을 삶의 형태로 지닐 때, 비로소 우리의 존재도 죽음이 아닌 탄생으로 내달리며 의미를 지니게 되는 것 아닐까.

한병철 작가의 책은 독일에서 철학서로 분류된다. 한국에서는 교양서이기에 그 간극에 대한 고민이 많았다. 모쪼록 한국에서도 많은 사랑을 받았던 『피로사회』에서 현대인에게 전한 메시지만큼 『불안사회』에 담긴 그의 예리한 외침과 그가 말하는 희망의 정신이 잘 전달되었기를 바란다.

차례

불안은 유령처럼 사방에 존재한다. 우리는 끊임없이 팬데믹, 세계대전, 기후 재앙과 같은 종말론적 시나리오를 마주한다. 세상의 종말과 문명의 종식이 갈수록 시급한 문제로 다뤄지고 있다. '지구 종말 시계Doomsday Clock'는 2023년이 종말을 상징하는 자정으로부터 90초 전이라는 사실을 알린다. 자정을 이토록 가깝게 가리킨 적이 없었다고 한다.

종말론이 호황이다. 심지어 상품으로도 나온다. 돈 받고 **팔리는** 것이 되었다. 현실뿐 아니라 문학과 영화에서도 종말론적 분위기는 만연하다. 소설가 돈 드릴로Don DeLillo의『침묵』은 전 세계에 도래한 암흑을 묘사하고 있다. 문학 작품들은 온도와 해수면 상승을 소재로 다룬다. '기후 픽션Climate Fiction'이라 불리는 장르가 이미 새로운 문학 장르로 자리 잡았다. 토머스 코라게산 보일Thomas Coraghessan Boyle의 소설 『A Friend of the Earth(지구의 친구)』는 종말 수준의 기후변화를 그리고 있다.

다중 위기 속에서 살아가는 우리는 늘 불안에 찬 눈으로 삭막한 미래를 곁눈질한다. 그러나 어디에도 희망은 없어 보인다. 하나의 위기에서 다음 위기로, 하나의 재앙에서 다음 재앙으로, 하나의 문제에서 다음 문제로 줄타기를 하며 살아간다. 요란한 문제 해결과 위기관리법 앞에서 삶은 **생존**의 삶으로 축소된다. 가쁜 숨을 몰아쉬는 **생존사회**는 마치 코앞까지 다가온 죽음을 어떻게든 피해 보려 수단과 방법을 가리지 않고 사는 병자와도 같다. 희망만이 **살아남음**을 넘어서는 **살아 있음**을 되찾게 해 줄 것이다. 희망은 삶에 다시 생명을 불어넣고 날개를 달 **의미의 지평**Horizont des Sinnhaften을 열어줄 것이다. 희망은 **미**

래를 갖게 해 줄 것이다.

만연해진 불안의 분위기는 희망의 싹을 질식시
킨다. 불안으로 인해 우울한 기분이 널리 확산된다.
불안과 르상티망Ressentiment은 대중을 우파 포퓰리즘
으로 인도한다. 그리고 혐오를 선동한다. 연대와 친
절과 공감은 서서히 붕괴된다. 증가하는 불안과 커
지는 르상티망은 사회 전체를 난폭하게 만든다. 그
러다 종국에는 민주주의를 위협한다. 버락 오바마
Barack Obama 미국 전 대통령은 퇴임 연설에서 이같
이 말했다. "민주주의는 불안에 굴복하면 무너지게
됩니다."[1] 불안과 민주주의는 양립할 수 없다. 민주
주의는 화해와 대화의 분위기 속에서 그 꽃을 피우
기 때문이다. 자기 의견이 절대적이라고 주장하면서
타인의 이야기를 **경청**하지 않는 사람은 민주 시민이
라고 할 수 없다.

불안은 훌륭한 지배 도구다. 대중을 순종하게

하고, 공감에 취약하게 만들기 때문이다. 불안한 분위기에서는 자신의 의견을 자유롭게 표출할 수 없다. 이는 억압에 대한 불안감에서 기인한 것이다. 불안을 공공연히 부추기는 혐오 발언이나 이른바 쉿스톰Shit Storm*은 자유로운 의견 표출을 가로막는다. 심지어 오늘날 우리는 **사유에 대한 불안**마저 가지고 있다. **사유할 용기**가 사라져 가는 듯하다. 사유는 '완전히 다른 것'에 대한 접근을 가능케 한다. 그러나 불안의 분위기 속에서는 **같은 것**들끼리 순환한다. 대세 순응주의가 만연해진다. 불안은 '다른 것'으로의 접근을 차단한다. 다른 것은 '동일한 것'의 논리에 해당하는 효율성과 생산성의 논리를 따르지 않기 때문이다.

불안이 지배하는 곳에 자유란 없다. 불안과 자유는 상호 배타적이다. 불안은 사회 전체를 감옥, 수용소로 만들어 버린다. 불안은 이정표는 세우지 않

---

* [옮긴이] 인터넷상에서 막말과 비난이 짧고 강렬하게 쏟아지는 현상

으면서, 오로지 경고 표지판만을 세운다. 그러나 희망은 이정표를 세우고, 경로를 표시해 준다. 희망 안에서만 **길을 걸어 나아갈 수** 있다. 희망은 **의미와 방향을 찾게** 해 준다. 그러나 불안은 **앞으로 나아가는 것** 자체를 불가능하게 한다.

지금 우리는 바이러스와 전쟁의 불안에만 처해 있는 게 아니다. '기후 불안'도 대중을 불안하게 한다. 기후 운동가들은 본인들도 스스로 시인했듯, '미래에 대한 불안'을 가지고 있다. 그러나 미래에 대한 불안이 그들 삶의 진짜 **미래**를 빼앗는다. 기후 불안 자체는 정당한 불안이다. 그걸 부정할 수는 없다. 문제는 질병처럼 '창궐'하는 **불안의 기후**다. 문제는 팬데믹에 대한 불안이 아니라, **불안의 팬데믹**이다. 불안을 유발하는 사회운동은 결코 **미래지향적 운동**이라 볼 수 없다. 어떠한 행위를 할 때는 **의미의 지평**이 필요하다. 행위는 **이야기**할 수 있어야 한다. 희망은 그 안에 포함하고 있는 의미가 많기에 '**이야기**'를 한다. 그러나 불안은 **말로 표현될 수 없고 이야기가 될 수 없다.**

'불안'을 뜻하는 독일어 'Angst'는 원래 '궁지'라는 뜻이었다. 불안은 확장 가능한 모든 폭과 관점을 질식시키며, 시야를 좁히고 차단한다. 그래서 불안한 사람은 궁지에 몰린 기분을 느낀다. 불안은 무언가에 사로잡혀 있거나 사방이 무언가로 둘러싸여 있다는 느낌을 수반한다. 불안에 빠진 사람의 눈에 이 세상은 감옥처럼 보일 뿐이다. 그에게 열린 공간으로 인도하는 문은 전부 닫혀 있다. 불안은 미래를 가로막고, **가능한 것과 새로운 것**으로 향하는 통로를 차단해 버린다.

희망은 언어적으로도 불안의 반대말에 해당한다. 언어학자 프리드리히 클루게Friedrich Kluge의 어원사전에서는 '희망'을 '앞으로 몸을 굽힘으로써 더 멀리, 더 정확히 보려고 하는 것'으로 정의한다. 이 정의에 따르면 희망은 '먼 것, 미래를 보는 것'을 의미한다.[2] 희망은 '앞으로 도래할 것'을 볼 시야를 열어 준다. 독일어 'Verhoffen'은 '희망하다'라는 뜻이다. 사냥에서 이 단어는 '가만히 선 채로 귀를 기울여 소리를 듣고, 낌새를 읽는다'라는 뜻으로 사용한다. 예컨대 노루가 이러한 행위를 한다고 볼 수 있다. 희망하는 이는 주변을 샅샅이 파악한다. 즉, **방향을 정하고자** 한다는 것이다.

가장 내면에 자리한 희망은 그야말로 깊은 절망 한가운데서 그 눈을 뜬다. 절망이 깊을수록 희망은 강렬하다. 희망의 정령 엘피스가 밤의 여신 닉스의 자식인 것은 우연이 아니다. 닉스의 형제 중에는 심연의 신 타르타로스와 암흑의 신 에레보스 말고도 사랑의 신 에로스가 있다. 엘피스와 에로스는 친척 관계인 셈이다. 희망은 이렇듯 변증법적 모습을 띠고 있다. 절망이 지닌 부정성否定性의 방향은 본질적으로 희망을 향해 있다. 종교 지도자 사도 바울Paul the Apostle은 희망 안에 내재해 있는 이러한 부정적 성격을 강조했다. "다만 이뿐 아니라 우리가 환난 중에도 즐거워하나니, 이는 환난은 인내를, 인내는 연단을, 연단은 소망을 이루는 줄 앎이로다. 소망은 우리를 부끄럽게 하지 아니함이라."[3]

절망과 희망은 마치 산과 계곡처럼 연결되어 있다. 희망이 절망의 **부정성**을 지니고 있기 때문이다. 철학자 프리드리히 니체Friedrich Nietzsche는 희망과 절망의 변증법적 관계를 이렇게 설명했다. "희망은 쏟아져 내리는 격렬한 삶의 물살 위로 떠오르는 무지개와 같다. 수백 번씩 물보라에 삼켜지고, 계속해서 또 다른 새로움을 마주하고, 부드럽고도 아름다운 담대함으로 거칠고 위험하게 울부짖는 물보라 위에 다시 솟아오르는 무지개와 같다."[4] 희망을 이보다 더 적절하게 설명할 수는 없을 것이다. 희망에는 분명 **부드럽고 아름다운 담대함**이 있다. 희망하는 자는 담대하게 행위하고, 인생의 험준함과 무정함에 흔들리지 않는다. 그러면서도 희망에는 무언가 **관조적인 것**

이 있다. **몸을 굽히기도, 경청하기도** 한다. 희망이 지닌 이러한 수용성은 다시 그 희망을 **부드럽게** 만들고, 희망에 **아름다움**과 **우아함**을 더해 준다.

희망적 사유는 낙관적 사유와 다르다. 희망과 달리, 낙관주의에는 **부정적인 것**이 존재하지 않기 때문이다. 낙관적 사유에는 의구심도, 절망도 없다. **완전한 긍정**이 낙관주의의 본질이다. 낙관주의는 어떠한 것이 좋은 쪽으로 흘러갈 거라고 굳게 확신하는 사유 방식이다. 따라서 낙관주의자에게 시간은 닫혀 있다. 낙관주의자는 닫혀 있지 않은 미래, 가능성의 여지로서의 미래를 알지 못한다. 다시 말해, 낙관주의자에게는 새로이 발생하는 것이 없다. 낙관주의자에게 놀라움을 안겨 줄 수 있는 것은 아무것도 없다. 그들에게 미래란 '처리 가능한 대상'이다. 그러나 실제 미래라는 시간은 '처리 불가능성' 안에 존재한다. 낙관주의자는 손에 잡히지 않는 **먼 곳**에는 시선을 주지 않는다. 이들은 기대하지 않은 것 또는 예측 불가능한 것에 대해서는 생각하려 하지 않기 때문이다.

아무것도 부족하지 않은, 그래서 어딘가로 굳이 향하여 가지 않는 낙관주의와 대조적으로 희망은 무언가를 **찾아 나서는 움직임**이다. 희망은 방향과 지지할 곳을 찾고자 하는 시도다. 희망은 그 과정에서 기존의 것, 이미 존재하는 것을 넘어서기 위해 **낯선 대상, 아무도 가지 않은 길, 열린 곳, 아직 존재하지 않는 것**을 향해 나아간다. 희망은 **아직 태어나지 않은 것**을 향해 나아간다. **새로운 것, 완전히 다른 것, 한 번도 거기 있었던 적 없는 것**을 향해 나아간다.

낙관주의는 애써 얻어 낼 필요가 없다. 그것은 마치 사람의 키나 성격과 같이 자연스럽게, 의심의 여지 없이 존재하는 것이기 때문이다. "낙관주의자는 마치 노 젓는 갤리선의 죄수처럼 자신의 명랑한 기분에 예속돼 있다. 매우 암담한 전망이 아닐 수 없다."[5] 낙관주의자는 자기 태도의 이유를 설명할 필요가 없다. 이와 달리 희망은 당연하게 생겨나지 않는다. 희망은 그 **눈을 떠야** 비로소 생겨난다. 많은 경우, 일부러 **일깨우거나 불러일으켜야** 한다. 결단이 필요 없는 낙관주의와 달리, 행위하는 희망에는 적극적 **참여**Engagement라는 특징이 있다. 낙관주의자는 **행위**하지 않는다. 행위에는 언제나 **리스크**가 따르기 때문이다. 낙관주의자는 아무 리스크도 감당하려 하지 않는다.

비관주의도 근본적으로 낙관주의와 다르지 않다. 그저 낙관주의가 거울에 반사된 형상에 불과하다. 비관주의자의 시간도 **닫혀 있다.** 이들은 심지어 '**감옥 같은 시간**'에 갇혀 있다.[6] 비관주의자는 무언가를 새로이 **갱신**하거나 **가능한 다른 세계**로 들어가 보려 하지 않은 채, 모든 것을 단호히 거부한다. 이들은 낙관주의자만큼 완고하다. 낙관주의자와 비관주의자는 **가능성을 보는 눈이 멀어 있다.** 일의 흐름에 뜻밖의 변화를 줄 수도 있을 어떠한 사건에 대하여 알지 못한다. **새로운 것에 대한 환상도, '한 번도 거기 있지 않은 것'에 대**

한 **열망**도 알지 못한다. 반면, 희망하는 자는 '눈앞의 나쁜 것[7] 너머로 향하는 가능성을 상정한다. 희망은 **감옥같이 닫혀 있는 시간을 깨고 나올** 힘을 우리에게 부여한다.

희망은 '긍정사고'나 '긍정심리학'과도 다르다. 긍정심리학은 **고통의 심리학**에서 벗어나 오로지 안녕과 행복만을 얻으려 노력한다. 부정적인 생각은 즉시 긍정적인 생각으로 대체해야 한다. 긍정심리학의 목표는 행복을 최대한으로 늘리는 것이다. 삶의 부정적 측면은 완전히 제쳐 둔다. 그리고 세상을 마치 사고 싶은 걸 주문하면 모두 살 수 있는 거대한 백화점처럼 묘사한다.

긍정심리학에 따르면 자신의 행복에 책임을 져야 하는 사람은 자기 자신이다. 긍정성 숭배는 사람들로 하여금 기분이 좋지 않을 때 그 고통의 책임이 사회가 아닌 개인에게 있다고 생각하게 만든다. 따라서 고통이 **사회적으로 매개된다**는 사실은 무시된다. 긍정심리학은 고통을 개인적인 문제로, 심리적인 문제로 귀속시켜 버린다. 그리고는 정작 그러한 고통을 야기한 사회는 보이지 않게 숨어 버리는 그 기만적인 관계성은 모른 척한다.

긍정성의 숭배는 사람들을 서로에게서 떼어 내고, 이기적으로 만들고, 공감 능력을 감퇴시킨다. 더 이상 타인의 고통에 관심을 두지 않도록 만든다. 각자가 자기 자신에게만, 자기의 행복, 자기의 안녕에만 집중하게 되기 때문이다. 이처럼 신자유주의 체제하의 긍정성 숭배는 사회의 연대를 끊어 버린다. 그러나 이러한 긍정적 사고와 반대로, 희망은 삶의 부정성을 외면하지 않는다. 오히려 부정성을 기억하려 하는 것이 희망이다. 희망은 사람들을 분리하지 않고 연결하며 화해시킨다. **희망의 주체는 '우리'다.**

로마서에는 이렇게 쓰여 있다. "보이는 소망이

소망이 아니니. 보는 것을 누가 바라리오."⁸ 희망의 시간 양태는 '**아직 아님**Noch-Nicht'이다. 희망은 앞으로 도래할 것, 아직 존재하지 않는 것을 향해 열려 있다. 희망은 주어진 것, 눈앞에 있는 것 너머로 우리를 고양하는 정신의 태도이자 기분이다. 철학자 가브리엘 마르셀Gabriel Marcel에 따르면 희망은 '만들어지면서 형성되는 경험의 직조', '아직 완료되지 않은 모험'의 짜임으로 이루어져 있다.⁹ 희망하는 것은 '현실에 신뢰를 갖는 것'¹⁰이고, 믿음을 부여하는 것이다. 따라서 희망은 '**미래약속적**'이다. 희망하는 것은 우리를 미래를 믿는 자로 만든다. 반대로 불안은 우리로부터 믿음을 앗아가며 현실로부터 신뢰를 빼앗는다. 그렇게 불안은 미래를 막아선다.

철학자 자크 데리다Jacques Derrida를 통해 우리는 미래의 두 가지 형태, 즉 'Futur'와 'Avenir'의 차이를 구분할 수 있게 되었다.¹¹ 'Futur'는 나중, 내일, 내년 등의 시간을 말한다. 'Futur'로서의 미래는 예견하는 것이 가능하고, 계획하는 것이 가능하며, 예측하는 것이 가능하다. 그래서 관리도 가능하다. 반면, 'Avenir'로서의 미래는 예상치 못하게 일어나는 사건과 관련되어 있다. 예측이나 계획이 어렵다. 처리 불가능한 **가능성의 여지를** 열고, 예측 불가능한 **다른 어떤 것의 도래를** 예고한다. 이런 **'처리 불가능성'**이 'Avenir'로서의 미래의 특징이다.

깊은 행복 또는 열정적인 사랑과 같은 경험은 음극을 갖는다. 이 음극은 그러한 경험이 뿌리내리고 잘 자랄 수 있는 토양을 만든다. 아래를 향하는 깊이가 없으면 위를 향하는 높이도 없기 때문이다. 사랑도 고난의 열정이다. 프랑스의 사상가 시몬 베유Simone Weil는 고통이라는 조건이 사랑을 가능하게 만든다고 말한다. "나는 오로지 고통을 관통하고 나서야 사랑에 빠진 얼굴의 미소에서 읽히는 것 같은 사랑의 존재를 느꼈다."[12] 부정성이 없으면 강도의 차이도 없다. 오늘날 경험이 부족해지게 만드는, 도

처에 만연한 '좋아요'에는 부정적 측면이 없다. '좋아요'는 소비의 기본 공식이다. 부정적 성질이나 그로 인한 강도의 차이는 소비 행위에 들어 있지 않다. 희망도 하나의 강도에 해당한다. 희망은 내면에 있는 **영혼의 기도**, 즉 절망의 부정성을 마주했을 때 눈뜨는 **고난의 열정**이다.

고난의 열정으로서의 희망은 수동적이지 않다. 오히려 희망은 그 안에 고유한 결단력을 지니고 있다. 희망은 확고한 기대를 가지고 암흑을 뚫고, 끝없는 길을 파나가는 용감한 **역사의 두더지**와도 같을 것이다. 『역사철학강의』에서 프리드리히 헤겔Friedrich Hegel은 정신을 7마일 장화를 신은 두더지로 비유했다. "오직 정신만이 전진한다. 정신은 종종 자기 자신을 잊거나 잃어버린 듯 보이지만 그 내부에서는 (…) 계속해서 일하고 있다. 햄릿이 아버지의 정신에 대해 '잘 노동했다, 용감한 두더지여'라고 말했듯. 스스로 강해져서 개념으로부터 그를 갈라놓는 지각地殼을 밀쳐 열어 내고 태양 빛을 뚫고 나온다. 영혼이 없는 썩어 버린 건물, 지금까지의 세계가 무너지고 그가 새로운 청춘으로 자기 자신을 형성하는 것을 보여 주는데, 그러한 시간 동안 그는 7마일 장화를 신고 있다."[13] 희망의 정신도 **전진**을 의미한다. 희망의 정신은 어둠 한가운데서도 계속 일한다. 어둠이 없으면 빛도 없다.

오늘날 만연한 불안은 실제로는 영구적인 재앙으로 인한 것이 아니다. 우리는 **구조적인 이유**와 연관된, 그래서 구체적인 사건에서는 그 원인을 찾을 수 없는 **넓게 퍼진 불안**에 괴로워한다. 신자유주의 체제는 **불안의 체제**다. 사람들을 서로에게서 떼어 내, 각자 **자기 자신의 기업가**가 되도록 했다. 총체적 경쟁과 늘어가는 성과 강박은 공동체를 침식시킨다. 자기애적 고립은 외로움과 불안을 낳는다. 자기 자신과의 관계도 점점 불안으로 채워진다. 실패에 대한 불안, 자신의 필요를 스스로 충족하지 못할 거라는 불안, 뒤

따르지 못하거나 도태될 거라는 불안. 그러나 고루 퍼진 이러한 불안이야말로 역설적으로 생산성을 높여 준다.

자유롭다는 것은 곧 어떠한 강박으로부터 자유롭다는 뜻이다. 그러나 신자유주의 체제에서는 반대로 자유가 강박을 일으킨다. 이 강박은 외부로부터가 아니라 내부로부터 온다. 성과 강박, 최적화 강박은 자유가 만들어 낸 강박이다. 자유와 강박은 한몸이다. 우리는 자유의지로 창의적이어야 하고, 높은 성과를 내야 하고, 고유해야 한다는 강박에 스스로를 예속시킨다.

다양하게 요구되는 창의성이야말로 **철저한 다른 것, 들어 보지 못한 새로운 것**의 발생을 막는다. 이것은 새로운 생산 형태와 결부되어 있다. 창의성을 장려하는 성과사회는 서비스사회가 되어 산업화 시절의 규율사회를 좇고 있다. 창의성은 신자유주의적 장치로 자리 잡았으며 모든 장치가 그러하듯 강박적 성격을 지니고 있다. 창의성은 생산성을 높이는 역할만을 수행한다. 창의성 장치가 적용된 '새로운 것'은 결코 **완전히 다른 것**이 아니다. 역설적이게도 그것은 동일한 것만을 반복 생산한다. 그래서 생산과 소비를 넘어서는 다른 삶의 형태를 가능케 하지 않는다. 신자유주의적 성과사회에서 말하는 '새로운 것'이란 결국 소비의 형태에 불과하다.

고전적 근대를 특징짓는 '철저히 새로운 것'의 강조는 후기 근대적 창의성 장치와 다르다. 고전적 근대에는 '처음부터 다시 시작하기, 새로운 것에서 시작하기'를 위한 노력이 내재해 있었다. 이러한 노력은 '일단 초기화부터' 한다. 철학자 발터 벤야민 Walter Benjamin은 '처음부터 다시 시작하기'에 영감을 받은 근대의 예술가와 작가를 열거한다. 이들은 '이 시대의 더러운 바람 속에서 신생아처럼 울부짖으며 누워 있는 벌거벗은 동시대인들에게 눈을 돌리기 위해 먼지로 뒤덮인 시민사회에 단호히 작별을 고한다'.[14] 그러나 후기 근대의 창의성 장치는 새로운 탄생을 향해 나아가지 않는다. 여기에는 새로운 것의 파토스, 새로운 것에 대한 열정이 없다. 그저 **동일한 것의 변조들**만을 만들어 낼 뿐이다.

자기 창조도, 창의적 자기실현도 마찬가지로 압박하는 성격을 지니고 있다. 우리는 자신을 최적화하고 실현한다는 착각 속에서 스스로를 죽도록 착취한다. 이러한 내부의 강박은 불안을 강화하고 궁극적으로 우리를 우울하게 만든다. 자기 창조는 생산성을 높이는 데 도움을 주는 자기 착취의 한 형태에 불과하다.

디지털 커뮤니케이션은 사람들의 고립을 심화한다. 소셜미디어는 역설적으로 소셜한 것을 해체하여 결국 사회적 결속력을 약화하는 결과를 낳는다. 우리는 결속되어 있지는 않으면서도 그 어느 때보다

도 잘 연결되어 있다. 관계 맺기는 연락으로 대체된
다. 거기에 접촉이란 없다. 우리는 접촉이 없는 사회
에 살고 있다. 접촉과 달리 연락은 친밀함을 형성하
지 못한다. 타자가 '너'에서 '그것', 즉 나의 필요를
충족시켜 주거나 나의 자아를 확인하는 목적에 지나
지 않는 하나의 대상으로 전락할 때 타자와의 관계
는 근본적으로 그 힘을 잃고 약해진다. 반사된 나 자
신을 보기 위한 역할만을 부여받은 타자는 그의 다
름Andersheit, 그의 타자성Alterität을 상실하게 된다. 연
결과 접촉의 부재를 야기하는 사회의 늘어가는 자기
애는 불안을 강화한다.

희망은 우리를 고립시키지 않고 연결하며 공동
체화한다는 점에서 불안의 반대 개념이자 '반대 기
분Gegenstimmung'이다. 가브리엘 마르셀은 이렇게 썼
다. "'나는 우리를 위해 너를 희망한다.' 이것은 어쩌
면 불명확하고 무언가에 가려져 있는 듯한 '희망하
다'라는 행위의 뜻을 가장 적절하고도 포괄적으로 표

현한 문장일 수 있다." 그는 이렇게도 말했다. "희망은 사랑에 의해, 더 정확히 말하자면, 사랑을 소환하고 발산하는 이미지의 총체에 의해 자석처럼 우리 쪽으로 끌려 오는 것처럼 보인다."[15] 불안과 사랑은 상호 배타적이다. 그러나 희망에는 사랑이 포함되어 있다. 희망은 사람을 고립시키지 않는다. 희망은 화해하고 연결하고 연합한다. 불안은 신뢰나 공동체와도, 친밀함이나 접촉과도 조화롭지 못하다. 불안은 소외, 외로움, 고립, 상실, 무력감, 불신으로 이어진다.

철학자 에른스트 블로흐Ernst Bloch는 『희망의 원리』에서 희망은 미덕처럼 '가르칠 수 있는' 것이라고 주장한다. 우리는 그것을 그저 '배우고' 싶어 하면 된다고 말이다. 책의 서문은 이렇게 시작한다. "어느 날 누군가가 두려움을 배우고자 먼 길을 떠났다고 하자. 두려움은 과거 시대에 더 쉽게, 더 가까이서 배울 수 있었으며 이를 다루는 데에는 놀랍도록 능숙했다. 그러나 이제는 (…) 우리에게 처리해야 할

희망은 사람들을 분리하지 않고
연결하며 화해시킨다.
희망의 주체는 '우리'다.

더 적절한 감정이 있다. 우리는 희망하는 법을 배워야 한다."[16] 그러나 희망은 미덕처럼 가르칠 수 있는 것도, 배울 수 있는 것도 아니다. 불안의 기후가 지배적인 곳에서 희망은 싹틀 수 없다. 불안이 희망을 짓누르기 때문이다. 그러므로 **불안의 기후, 불안의 체제**에 맞서는 희망의 **분위기**를 조성하는 희망의 정치가 필요하다.

불안이 사람들을 서로 떼어 놓기 때문에 모여서 함께 불안해하는 일은 일어나지 않는다. 불안은 **공동체**를, **우리**를 만들지 못하게 한다. 불안 속에서 사람들은 각자 고립된다. 그러나 희망은 **우리**의 차원을 포함한다. 희망하는 행위는 동시에 '희망을 전파'하는 것, 불꽃을 옮겨 붙이는 것, '자기 주변에서 불꽃을 키우는 것'을 의미한다.[17] 희망은 혁명의 발효제이자 새로운 것의 발효제, 즉 '**새로운 삶의 시작**Incipit vita nova'이다. **불안의 혁명**이란 말은 존재하지 않는다. 불안해하는 사람은 어떠한 것의 지배 아래 자기 자신

을 던져 넣는 사람이다. 다른, 더 나은 세상을 희망
하는 행위 안에서만 비로소 혁명 가능성이 생겨난
다. 오늘날 혁명이 가능하지 않다면 그것은 우리가
희망하지 못하기 때문이며, 불안 속에 고집스럽게 머
물기 때문이며, 삶이 '살아남기'로 위축되었기 때문
이다.

디스토피아 공상과학영화인 〈칠드런 오브 맨〉
은 우울하고 희망이 완전히 사라진 오늘날 사회를
반영한다. 영화 속 인류는 종말을 향해 가고 있다.
인간은 멸종 위협을 받고 있다. 이들은 18년도 더 전
부터 알 수 없는 이유로 더 이상 임신이 되지 않았
다. 영화는 지구에서 가장 어린 18세 베이비 디에고
가 살해되는 장면으로 시작된다. 세상은 폭력, 테러,
혼돈, 외국인 혐오, 환경 재난으로 충격에 빠졌다. 요
한 제바스티안 바흐Johann Sebastian Bach의 곡 〈크리스
마스 오라토리오Christmas Oratorio〉 가사 중 '한 아이
가 태어났도다'에 담긴 기쁜 소식이 희망을 알리는

소식이라면, 인류의 불임은 희망의 완전한 부재를 보여 준다. 그러다 기적적으로 한 여성이 임신을 한다. 이 여성은 학자들이 인류의 보존을 연구하는 기밀 장소로 인도되었다. 영화의 마지막 장면에서 배우 클레어호프 애시티Clare-Hope Naa K. Ashitey가 연기한 키라는 이 임신한 여성은 거친 바다에서 '내일'이라는 이름의 배 한 척에 의해 구조된다.

철학자 마크 피셔Mark Fisher는 이 영화에 대해 이렇게 말했다. "〈칠드런 오브 맨〉은 종말이 이미 왔다고, 미래에는 그저 더 많은 반복과 자기 순환의 치환만이 있을 거라는 것을 보여 주고 있다. 그러나 낡은 것의 중단, '새로운 것의 충격'이 더 이상 없다는 것이 과연 가능한가? 그러한 불안은 양극 운동으로 귀결될 뿐이다. 이는 항상 무언가 새로운 것이 있을 거라는 '힘없는' 메시아적 희망이 절대 새로운 것은 없으리라는 우울한 확신으로 방향을 바꾼 것에 불과하다."[18] 〈칠드런 오브 맨〉에서 인류는 일종의 집단적 우울에 빠진다. 새로운 것을 만들어 낼 수도 있을 '미래'와 동의어인 '탄생'이 더 이상 일어나지 않기 때문이다. '태어남'으로서의 '세계로 나아감das In-die-Welt-Kommen'이 일어나지 않는다. 세상은 동일성의 지옥이 되었다. 우울은 인류의 모든 희망을 앗아 간다. 우울하고 탈진한 미래는 동일한 것의 무한한 반복이다. **아무것도 열어 내지 못한다. 어떠한 새로운 것도 세상에 태어나지 못한다.** 살아 움직이고 자극과 영감을 주는 미래, 즉 'Avenir'는 완전히 사라진다. 새출발도, 내일도, **새로운 삶의 시작도,** 동일한 것과 낡은 것으로부터의 탈출도 불가능해 보인다. 우울은 **새로운 것에 대한 열정**인 희망과 정반대다. 희망은 우리를 우울과 탈진한 미래로부터 자유롭게 해 주는 약동이요, 도약이다.

희망과 행위

희망은 예전부터 행위와는 반대 선상에 있는 것으로 다루어지곤 했다. 희망에는 행위의 결단이 부족하다는 것이 전통적 비판의 초점이었다. 무언가를 희망하는 이는 행위하지 않는다고, 현실을 직시할 눈을 감아 버린다고 말이다. 무엇보다 희망은 환상을 만들어 내고 현실로부터, '지금 그리고 여기'의 삶으로부터 사람들의 시선을 돌리게 만든다고 말이다. 알베르 카뮈Albert Camus도 그러한 입장이었다. "극도의 회피 (…) 그건 바로 희망이다. 다른 삶을 향한 희망 (…) 삶 자체를 위해 살지 않고, 삶을 넘어서려 하고, 승화시키려 하고, 삶에 의미를 부여하고 또한 배반하는, 어떠한 위대한 관념을 받들고 사는 이들의 기만이다."[19] 희망한다는 것은 포기, 더 이상 살고자 하지 않음, 삶의 거부와 동일시되었다. "인류를 고통받게 하는 각종 악이 우글거리던 판도라의 상자에서 그리스인들은 가장 마지막에 남은 가장 끔찍한 악으로 희망이 흘러나오게 했다. 나는 이보다 더 충격적으로 희망을 상징하는 이야기를 알지 못한다. 희망한다는 것은 비록 사람들이 그 반대라고 믿을지언정 결국 포기를 의미한다. 그러나 산다는 것은 포기하지 않는 것이다."[20]

그러나 카뮈의 주장을 달리 보면 희망은 판도라의 상자 안에 어쨌든 끝까지 남아 있었다. 희망은 상자를 벗어나지 않았다. 희망은 오히려 인류의 모든 악에 대한 해독제였다고 해석할 수 있다. 희망이 치료제로 숨겨져 있던 것이다. 물론 찾아내기는 쉽지 않다. 이렇게 희망은 우리로 하여금 세상의 모든 악에도 불구하고 삶을 **포기하지 않게** 해 준다. 니체는 희망을 **삶에 대한 단호한 긍정**으로, '그럼에도 불구하고'로 정의한다. "제우스는 인간이 다양한 불행을 만나며 고통받더라도 삶을 체념해 버리는 게 아니라 새로운 불행에 또다시 고통받는 한이 있더라도 앞으로 계속 나아가기를 원했다. 제우스는 그런 식으로 인간에게 희망을 부여했다."[21]

그렇다면 도대체 희망이 소위 '회피'하는, 심지어는 '배신'한다고들 말하는 '삶 자체' 또는 '**그 자체로서의 삶**la vie même'이란 무엇인가? 그저 영양분을 섭취하면 되는, 생존에 필요한 영양만 있으면 되는 삶인가? '관념'도 없이, '의미'도 없이 그럭저럭 살아지는 '그 자체로서의 삶'은 과연 생각할 수 있는, 갈망할 가치가 있는 삶인가? 자유만 해도 하나의 관념이다. 자유가 없었더라면 타자의 관점에서 세계를 이해해 보려는 노력인 공감적 행동은 있을 수 없었을 것이다. 따라서 자유는 의미를 부여해주는 관념의 일종이다. 관념과 의미의 지평이 없는 삶은 **생존의 삶** 또는 오늘날의 상황처럼 **소비의 내재적 속성**으로 축소될 뿐이다. **소비하는 이는 희망하지 않는다.** 소비자에게는 갖고

꿈 없는 현재는
새로운 것을 만들어내지 못한다.
미래 없이 열정은 불가능하다.

싶은 것과 필요한 것밖에 없다. 그들에겐 미래도 필요하지 않다. 소비가 총체화되는 곳에서 시간은 필요와 그 필요의 충족이라는 영속적인 현재로 축소된다. 희망은 자본주의적 용어에 속하는 말이 아니다. **희망하는 이는 소비하지 않는다.**

카뮈는 희망을 너무 좁은 의미에서 논했다. 카뮈는 희망이 유발하는 행위의 모든 측면을 부정했다. 우리를 행위하게 하고 새로운 것에 영감 받도록 해 주는 희망의 능동적 측면을 간과했다. 희망 없이는 '그것의[역사의] 가장 멀리 내다보는 꿈들을 구체화하려는' 모든 시도가 무의미하다.[22] 가장 멀리 내다보는 꿈들은 **희망의 백일몽**이다.

카뮈에 따르면 인간 실존이 벗어나지 못하는 부조리와 직면했을 때, 고향을 향한 그리움인 향수가 깨어난다. "내 사고의 흐름은 그러한 사고를 유발한 자명함에 충실하고자 한다. 그 자명함이란 곧 부조리다. 부조리는 열망하는 정신과 실망스러운 세계 사이의 분열이자 그 둘의 하나 됨을 갈망하는 나의 그리움이다."[23] 카뮈가 '그리움'으로 표현한 것으로 보아,[24] 그에게도 희망은 필연적으로 내재해 있었을 것이다. 희망은 그리움의 형태를 띠고 있기 때문이다. 희망이 없는 상태에서 하는 사유란 결국 계산에 불과하다. 계산은 새로운 것도, 미래도 만들어 내지 못한다.

『시지프 신화』에서 카뮈는 현재로만 향해 있는, 미래 없는 열망을 신봉한다. "남은 것은 오직 종말이 불가피한 운명이다. 죽음이라는 이 유일한 숙명을 제외한 다른 모든 것들, 기쁨이나 행복 같은 것들은 자유다. 그러면 인간만이 유일한 주인인 세계가 남는다. 그러한 인간을 사로잡은 건 다른 세계에 대한 환상이었다. 그의 사유의 끝은 더 이상 스스로를 단념하는 데 있지 않고, 이미지 속에서 계속 도약하며 나아가는 데 있다. 그의 사유는 신화들 속에서 전

희망과 행위

개된다. 그 신화는 인간의 고통만큼이나 무한하지만 동시에 인간의 고통보다 더 깊은 심연은 없다. 인간을 즐겁게 하고 그 즐거움에 눈멀게 하는 신들의 우화 속에서가 아니라, 얻기 어려운 지혜와 **미래 없는 열정**une passion sans lendemain이 한데 섞여 있는 지상의 얼굴, 몸짓, 극 안에서 전개된다."[25]

꿈 없는 현재는 새로운 것을 만들어 내지 못한다. 거기에는 새로운 것을 향한 열정, 가능한 것에 대한 열정, 새로운 시작을 향한 열정이 없기 때문이다. 미래 없이 열정은 불가능하다. 내일 없이, 미래 없이 자기 자신으로만 축소된 현재는 새로운 시작을 결의하는 행위가 지닌 시간성이라고 할 수 없다. 그러한 현재는 **주어진 것의 단순한 최적화, 심지어는 '눈앞에 있는 잘못된'** 것의 단순한 **최적화**로 전락한다. 의미를 부여하는 지평 없이 행위하기란 불가능하다. 카뮈가 반복해 강조한 행복, 자유, 지혜, 인간의 사랑, 우정, 인간성, 연대는 행위에 의미와 방향을 부여하는 '의미

의 지평'을 만들어 낸다. 이들은 능동적 희망의 이정
표다. 이들이 아니라면 '내가 태어나고 사람들이 수
천 년 전부터 깊은 고통 속에서도 삶을 예찬하는 법
을 배운' '빛'을 향한 '신의'를 어떻게 이해할 수 있
을까?[26] 이러한 빛은 항상 위에서 내려온다.

카뮈가 노벨상 수상 연설에서 자신의 이론과는
관계없는 발언을 할 때, 이전에 본인의 철학 지론에
서는 다룬 적 없던 희망의 개념이 계속해서 등장했
다. 본인의 의도와 달리 '약한 날갯짓'이라거나 '삶
의, 희망의 부드러운 소리'[27]와 같은 표현을 써서 완
전히 다른 종류의 희망을 말했다. 그가 말한 희망은
포기도, 회피도, 삶의 거부도 아닌 '그 자체로서의 삶'이
었다. 삶과 희망은 하나로 표현되었다. 살아감이 곧 희
망함이라고.

바뤼흐 스피노자Baruch Spinoza에게도 희망은 비
이성적인 것에 속했다. 그는 '이성의 안내를 따라'

행위하는 이는 희망할 필요도, 두려움을 느낄 필요도 없다고 말했다. 이성과 희망은 서로 반대개념으로 다뤄졌다. 스피노자의 『에티카』 47번째 정리는 이렇게 말한다. "희망과 두려움의 정서는 그 자체로는 선하지 않을 수 있다." 주석에서는 이렇게 말하기도 했다. "따라서 우리가 이성의 안내를 따라 살기를 힘쓸수록 희망에는 덜 의존하려 하고 두려움으로부터 자유로워지기를 애쓰며, 할 수 있는 한 운명을 지배하고, 보다 확실한 이성의 뜻에 따라 행위하려 노력하게 된다."[28] 그러나 스피노자는 이성이 접근할 수 없는 행위의 여지를 희망이 열어 준다는 가능성은 간과했다. 희망은 이성이 그 안을 들여다볼 수 없는 심연 위에 작은 교량 같은 것을 놓아 주는 역할을 한다. 희망은 이성이 들을 수 없는 배음倍音을 인식하기 때문이다. 이성은 **앞으로 도래할 것**의 전조, **아직 태어나지 않은 것**의 전조는 알아차리지 못한다. 이성은 **이미 눈앞에 있는 것**을 추적하는 감각기관에 불과하다.

희망에 대한 기존의 비판들은 희망이 지닌 복잡성과 내적 긴장을 간과했다. 희망은 수동적인 기대나 바람을 훨씬 넘어선다. 감동한 열정과 약동함이 희망의 본질이다. 희망은 '호전적 정서'이며 '가치를 세운다'.[29] 희망에는 행위할 결단이 내재해 있다. 희망은 **행위하기 위한 도약의 힘**을 펼친다. 수동적이고 가만히 있는 약한 희망과 능동적이고 행동하는 강한 희망은 구분되어야 한다. 수동적 희망은 실로 힘없는 단순한 소원에 불과하다. **행동하는 강한 희망**은 인간이 활동적이고 창조적인 행위를 할 수 있도록 영감을 불어넣어 준다.

소원이나 기대는 특정 대상이나 '세계 내 사건innerweltliches Vorkommnis'*과 관련되어 있다. 이들은 **개별적**이다. 이와 달리 희망은 행위를 이끄는 **서사**를 발전시킨다. 서사적 길이와 너비가 희망을 특징짓는

---

* [옮긴이] 하이데거의 『존재와 시간』에서 인간, 자연물, 사물 등의 존재는 세계 내 존재(In-der-Welt-sein)이며, 이 세계 안에서 일어나는 흐름을 세계내부적 흐름, 발생이라고 말한다. 사건(Vorkommnis)은 이 세계 안에서 단순히 발생하는 사건을 말한다.

다. 소원과 달리 희망은 서사적 환상을 자극한다. 희망은 **능동적으로 꿈꾼다.** 소원하는 것에는 결핍의 느낌이 내재해 있는 반면에 희망은 **자체적인 충만함, 자체적인 발광력**을 지니고 있다. 강력한 희망에는 결핍된 것이 없다. **넘쳐흐르는 희망**이라는 말은 결코 모순적인 표현이 아니다. 희망은 일종의 **힘**이자 **움직임**이기 때문이다. 반면에 소원에는 **힘이 없다.**

희망하는 이에게는 세상이 마치 다른 빛 안에 있는 것처럼 보인다. 그러한 세상은 희망을 통해 특별한 **광채**를 지닌다. 희망은 세상을 **밝게 만든다.** 소원이나 기대는 세상을 변화시키고 열어 내고 밝혀 주는 이러한 힘을 지니고 있지 않다. 이들은 자신을 충만함으로 이끌어 줄 세계 내 사건이나 대상을 그저 기다릴 뿐이다. 성취 또는 만족은 희망과 관련이 없다. 희망은 어떤 대상이나 세계 내 사건과 연결돼 있지 않기 때문이다. 희망은 **기분**Stimmung*, 그중에서

---

*   [옮긴이] 하이데거에 따르면 자신의 존재를 직면하게 하는, 세상에 '처해 있음'의 다른 표현

도 인간 실존을 끊임없이 규정be-stimmen하는 **근본기분**Grundstimmung*이다. 희망은 심지어 **고조된 기분**으로 강화될 수 있다. 영국 문학비평가 테리 이글턴Terry Eagleton은 희망이 지닌 이러한 감정적 차원을 완전히 간과했다. 그는 이렇게 말했다. "무언가를 희망적으로 말한다는 것은 말을 특정한 방식으로 한다는 것이지 거기에 어떠한 정서가 담겼다는 것은 아니다. 당신이 누군가에게 위로의 말을 한다고 하자. 설사 속으로는 아무리 강렬한 허무주의를 느끼고 있다 하더라도 희망찬 위로의 말을 건넬 때, 그 말은 여전히 희망찬 말이다. (⋯) 희망은 최소한의 느낌과도 연결되지 않은 채 충분히 별개로 존재할 수 있다. (⋯) '무언가 이루기를 희망하십니까?'라고 물었다면 이루어지기를 원하는 목표 작업에 대한 설명을 요구하는 것이지, 주관적인 감정 상태에 대한 설명을 요구하는 것이 아니다. (⋯) 모든 다른 덕목과 마찬가지로

---

* [옮긴이] 일상어로는 '기본적인 분위기나 기분'을 말하지만, 철학의 존재론적 관점에서는 인간이 실존적 선택 앞에 서게 하는 기분이다. 하이데거는 이 근본기분을 '불안'이라고 보았다.

희망 역시 특정한 방식으로 사고하고, 느끼고, 행위하는 습득된 습관에 불과하다."[30] 그러나 기분으로서의 희망, 근본기분으로서의 희망은 **언어가 있기 이전의, 언어를 사용하기 이전의 것**이다. 희망이 역으로 언어를 규정한다.

가장 높은 강도로 경험하는 희망은 우리가 습득하거나 일부러 만들어 낼 수 있는 습관도, 덕목도 아니다. 희망에는 초월성이 내재해 있는데 이는 내재된 의지를 뛰어넘는 것이기 때문이다. 기분으로서의 불안도 마찬가지로 의지와 무관하다. 불안은 우리를 불시에 덮친다. 이러한 기분은 습관과는 본질적으로 다른 것이다. 습관은 순식간에 형성되지 않는다. 반면, 기분은 순식간에 사로잡힌다. 그 안으로 **빨려 들어간다.** 기분은 우리를 **기습하고, 사로잡고, 변화시킨다.**

철학자 루트비히 비트겐슈타인Ludwig Wittgenstein 은 『철학적 탐구』에서 매우 흥미로운 질문을 던졌다. "동물이 화를 내고, 두려워하고, 슬퍼하고, 기뻐하고, 놀라는 것은 상상할 수 있다. 그러나 동물이 희망한다? 왜 그건 상상할 수 없는 것인가?" 이러한 도전적 질문에 비트겐슈타인은 스스로 답을 제시했다. "개가 자기 주인이 문 근처에 서 있다는 생각은 할 수 있다. 그러나 주인이 모레 올 것이라는 생각도 할 수 있을까? 그렇다고 한다면 그 개가 하지 못하는 건 무엇인가? 또한 그렇다면 나는 어떠한가? 이 문제에 어떻게 답할 것인가? 언어를 쓸 수 있는 존재만이 희망할 수 있는 것인가? 언어를 완전히 습득한 존재만이? 그렇다면 희망의 현상들은 이러한 복잡한 삶이 변형된 형태인 셈이다."[31]

동물에게 언어적 능력이 전혀 없다고는 할 수 없다. 그러나 동물이 쓰는 언어는 인간의 언어와는 전혀 다른 시간적 구조를 가지고 있다. 그들에게는 공감적 미래의 개념이 없다. 그러나 희망은 미래 안에 존재한다. 동물은 의미를 지닌 신호를 보내는 방식으로 의사소통한다. 그러나 동물이 **약속하는 말**을 할 수는 없다. 또한 동물의 언어는 서사적이지 않다. 그래서 동물들은 서사가 있는 **이야기**를 할 수 없다. 동물도 '원하는 것'은 충분히 표현할 수 있지만, 희망은 서사적으로 구조화되어 있으므로 동물이 표현할 수 없다. 서사적 이야기는 시간에 대한 의식을 전제로 한다. 그러나 동물은 **내일**이라는 개념을 발전시킬 능력이 없다. 내일이라는 개념은 서사적 성격을 띠고 있기 때문이다. 따라서 동물은 이러한 **서사적 미래**에 접근할 수 없다.

희망은 능동적 정신을 지니고 있다. 희망의 정신은 인간의 행위에 생기를 불어넣고 고무시킨다. 철학자 에리히 프롬Erich Fromm은 활동적이고 강력하고 결단력 있는 희망을 두고 이렇게 말했다. "희망은 역설적이다. 희망은 아무것도 하지 않는 기다림도 아니며, 실현 불가능한 상황을 억지로 실현해 보려는 비현실적인 의지도 아니다. 희망은 도약의 순간이 도래했을 때 도약하고자 웅크리고 있는 호랑이와 같다. (…) 희망한다는 것은 아직 태어나지 않은 것을 위해 매 순간 준비하고 있다는 것과 같다. (…) 강하게 희망한다는 것은 새로운 삶을 알리는 모든 전조를 인식하고 사랑한다는 뜻이며, 새로 태어나려고 준비된 것을 실제로 태어나도록 돕기 위해 매 순간 준비된 상태에 있음을 말한다."[32]

희망은 예측적이고 전망적이다. 희망은 우리에게 이성이나 이해로는 도달할 수 없는, 행위할 힘과 보는 힘을 부여한다. 희망은 아직 존재하지 않는 것, 아직 태어나지 않은 것, 미래의 지평선에서 동트듯 밝아오는 것에 대한 우리의 주의집중을 더욱 날카롭게 한다. 희망은 **새로운 것을 태어나게 돕는 산파**다. 희망 없이는 **새출발**도, **혁명**도 불가능하다. 진화도 무의식 층위의 희망에 의해 진행된다는 표현은 납득 가는 말이다. 희망은 삶의 신경을 자극하고 삶을 경직으로부터, 마비로부터 보존해 주는 살아 숨 쉬는 힘이다. 에리히 프롬에 따르면 '존재의 상태', **기분**으로서의 희망함은 '내면의 준비 상태', 즉 '강렬하지만 아직 소모되지는 않은 활동 존재로 가는 준비 상태'다.[33] 이러한 상태는 활동과 행위가 시작되는 내면의 원천이기도 하다. 또한 이는 소모된 활동 존재 이상의, 단순히 분주한 상태 이상의, **소모되지 않은 활동 존재와 아직 태어나지 않은 것의 신선함**을 갖게 해 준다. 그럼으로써 우리의 행위를 **새롭게** 해 준다.

니체는 희망을 **임신 상태**와 비슷한, 정신의 특별한 상태로 표현했다. 희망한다는 것은 **새로운 것의 탄생에 준비되어 있다**는 것을 말한다. "임신 상태보다 더 신성한 상태가 존재하는가? 인간이 하는 모든 일은 어떠한 방식으로든 우리 안의 '존재가 되어 가고 있는 것'에 유익이 된다는 차분한 믿음으로 행해져야 한다! 우리가 황홀하게 생각하는 가치, 비밀스러운 그 가치를 **높여야** 한다! 그럴 때 억지로 무리하지 않고도 많은 것을 피할 수 있다! 그럴 때 과격한 말을 내

뻗지 않고 화해의 손길을 내밀 수 있다. 어린아이는 가장 온화하고 가장 좋은 것에서 자라나야 한다. 사랑받는 낯선 이에게, 그의 인생의 잔에 한 방울의 재앙을 굳이 떨어뜨리려는 듯한 우리의 날카로움과 그 갑작스러움에 몸서리가 쳐진다! 모든 것이 베일에 싸여 있고, 모든 것이 불길한 예감을 품고 있으며, 일이 어떻게 되어 갈지 우리는 아무것도 알 수 없다. 그저 기다리고 **준비되어 있으려** 노력해야 한다. 그럴 때 우리 안에는 깊은 무책임성의 순수한 느낌, 순수하게 정화해 주는 느낌이 생겨난다. 마치 무대에 드리워진 커튼 앞에 선 관객의 감정처럼. 그 감정은 점점 더 커져서 일상으로 침투한다. 우리 손에는 무언가의 가치나 시간을 정할 수 있는 어떠한 것도 쥐어지지 않았다. 오직 간접적으로 축복을 내리거나 보호해 주는 모든 영향에 의존할 뿐이다. '여기서 자라나는 것이 우리보다 더 큰 무엇인가다'라는 생각이 바로 우리의 가장 은밀한 희망이다."[34] 인간은 희망함으로써 눈앞에 존재하는 나쁜 것들을 초월한다.

다른 것을 기대하면서 그러한 나쁜 것들을 **용서한다**. 이러한 **용서**는 새로운 것, 다른 것을 위한 기반을 준비한다.

희망은 큰 온화함, 청량한 태연함, 깊은 **친절함**을 동반한다. 희망은 아무것도 강요하지 않는다. 희망은 니체가 적절하게 표현했듯이 자부심 있으면서도 온화한 기분이다. 희망한다는 것은 **앞으로 도래할 것에 내부적으로 준비되어 있다**는 뜻이다. 희망한다는 것은 우리가 직접적인 영향을 미칠 수 없는 **아직 존재하지 않는 것**에 대한 주의집중력을 높인다. 사유와 행위도 희망이 가진 이러한 **관조적** 차원, 즉 수용하고, 예견하고, 기다리고, 묵허하고, 일이 되어 가는 것을 그대로 두는 차원을 지니고 있다. 단순한 행동에는 신성함이 없다. 가장 높은 차원의 활동은 그 내면의 핵심에 **무위의 차원**을 지니고 있다. 희망은 의지의 손이 닿지 않는 존재 영역Seinsbereich으로 우리를 인도해 준다. 의지는 창조의 핵심에 도달하지 못한다. "이 신성함 속에서 살아가야 한다! 살아갈 수 있다! 그 대상이 사유든 행위든 우리는 모든 본질적인 성취에 대해 임신과 같은 관계를 지니고 있으며 '의지'와 '창조'에 관한 오만한 논의는 바람에 날려 버려야 한다!"[35]

마틴 루터 킹Martin Luther King은 희망의 활동적 측면을 아주 적절하게 그려 냈다. '나는 꿈이 있습니다 I Have a Dream'라는 유명한 연설에서 그는 이렇게 말한다. "이 믿음으로 우리는 절망의 산에서 희망의 돌을 캐낼 수 있습니다. 이 믿음으로 우리는 국가의 날카로운 불협화음을 아름다운 형제애의 교향곡으로 만들 수 있습니다. 이 믿음으로 우리는 언젠가는 자유를 얻게 되리라 생각하며, 함께 일하고, 함께 기도하고, 함께 투쟁하고, 함께 투옥되고, 함께 자유의 편에 설 수 있습니다."[36]

마틴 루터 킹은 낙관주의자가 아니다. 희망의 돌을 캔다고 말하며 절망의 산을 전제했기 때문이다. 그가 꾸는 꿈은 '낮의 꿈'이다. 그리고 낮의 꿈을 꾸게 하는 것은 희망이다. 희망은 행위의 환상을 자극한다. 현실에서 도피해 빠르게 사라져 버리는 백일몽도 분명 존재한다. 그런 꿈은 현실과 동떨어진 망상이거나 단지 소원하는 바가 꿈에 등장한 경우에 불과하다. 그러나 '활동하는 희망'은 미래를 계획하고 미래를 향한 낮의 꿈으로, 그 닻을 현실에 내리고 있다. 활동하는 희망은 눈앞의 나쁜 것에 만족하기를 거부한다. 활동하는 희망은 낮의 꿈을 꾸며, **행위하기로 결심**한다. 낮의 꿈은 결국 **행위의 꿈**이다. 행위의 꿈은 보다 나은 새로운 삶을 위해 눈앞의 나쁜 것을 없애는 꿈이다.

낮의 꿈은 앞으로 도래할 것, 아직 존재하지 않는 것, 아직 태어나지 않은 것의 그림을 그린다. '밤의 꿈'에는 과거가 출현하지만, '낮의 꿈'은 미래를 향해 있다. 낮의 꿈은 앞을 향해 있고 밤의 꿈은 뒤를 향해 있다. "더욱 분명한 사실이 있다. 억압된 것, 잠재의식에서 찾아낼 수 있는 것들은 밤의 꿈을 만

절망이 깊을수록 희망은 강렬해진다.
그것이 희망의 변증법이다.

들어 내는 기반일 뿐이며 때때로 신경증적인 증상을 유발하는 독소일 뿐이다 (…). 반면에 희망한 것, 직관적으로 감지한 것은 위대한 낮의 환상을 가능케 하는 보물을 그 안에 지니고 있다."[37]

지그문트 프로이트Sigmund Freud가 낮의 꿈을 단순히 밤의 꿈의 전 단계로 격하시킨[38] 반면에, 블로흐는 낮의 꿈을 밤의 꿈과는 독립적이고 위대한 것으로 여겼다. 밤의 꿈 속의 '나'는 생각이 내부를 향하고 꿈 안에서 자기 자신으로만 존재할 수 있다. 그 꿈은 타인을 위해 열리지 않는다. 반면에 "깨어 있을 때 꾸는 꿈 속의 '나'는 타인을 대신할 만큼 확장될 수 있다. 낮의 꿈과 밤의 꿈을 구별하는 또 다른 점은 인간의 폭이다. 밤의 꿈을 꾸는 사람은 자신만의 보물과 함께 홀로 존재하는 반면, 낮의 꿈을 꾸는 사람의 자아는 타인의 자아와 연결될 수 있다. '나'가 더 이상 자신의 내부만을 향해 있지 않거나 자신의 가까운 주변과만 연결되어 있지 않다면 그의 낮의 꿈은 나아지기를 바라는 것이 명백하다. 그렇게 되면 사적인 것에 뿌리를 둔 꿈조차도 다른 자아들과 함께하는 공동체 안에서 자신의 내부를 개선하고 싶을 경우에만 자신의 내부를 향해 있게 된다."[39] 밤의 꿈은 공동의 행위를 하도록 이끌지 않는다. 밤의 꿈에서는 각자가 홀로 고립되어 있기 때문이다. 반면에 낮의 꿈은 세상을 개선할 행위를 할 준비가 되어 있는 '우리'의 차원을 지니고 있다. 낮의 꿈을 꾸는 사람만이 혁명을 일으킬 수 있다.

밤의 꿈이 개인적인 차원을 넘어서지 못하는 것과 달리, 낮의 꿈은 유토피아적 잠재력과 정치적 차원을 지니고 있다. 낮의 꿈에서만 아름다움, 숭고함, 변용이 나타날 수 있다. 밤의 꿈에는 유토피아적 시야, 유토피아적 움직임이 없다. 밤의 꿈은 행위하는 것을 싫어한다. 혁명가들은 낮의 꿈을 꾼다. 혁명가들은 **앞을 향한** 꿈을, 그것도 함께 꾼다. 세상을 더 낫게 만들고자 하는 꿈은 강렬한 희망에서 유발된 낮의 꿈이다. 밤의 꿈에 희망의 자리는 없다. 밤의 꿈은 대부분 **소원과 불안의 꿈**이다. 프로이트에 따르면 밤의 꿈의 기능은 과거에 겪은 트라우마적인 경험을 처리하는 것이다. 밤의 꿈에는 미래의 차원이 없다.

철학자 한나 아렌트Hannah Arendt는 『인간의 조건』에서 '희망과 믿음'이 '인간 실존의 두 가지 본질적 특징'이라고 언급하며 '신의와 믿음이 별로 없었을 뿐만 아니라 본인들의 정치적 안건 처리에 필요치 않았던, 그리고 희망을 인간을 현혹하는 판도라의 상자에서 흘러나온 악의 일부로 여기던 그리스인들은 거의 알지 못했던 것'이라고 묘사했다.[40] 아렌트는 이렇듯 희망을 인간 실존의 본질적 특성 중 하나로 명시하긴 했지만, 이를 별도로 다루지는 않았다. 그래서 아렌트의 『인간의 조건』에 희망의 이론이 있지는 않다. 아렌트는 행위 측면을 구성하는 역할을 희망에 부여하지 않았다.

아렌트에 따르면 행위란 스스로 주도해 새로운 무언가를 시작하는 것이다. 인간은 태어나 세상에 처음 등장하여 주도성을 가질 수 있고, 새로운 것을 작동시킬 수 있다. 그러나 인간 행위를 규정하는 것은 철저한 우연성이다. 인간은 새로운 것을 시작할 수는 있지만, 그것을 통제하거나 그것의 결과를 예측하지는 못한다. 모든 인간은 자신이 어떠한 행위를 할 때, 실제로는 뭘 하고 있는지 알지 못한다. 아렌트에 따르면 인간은 어떠한 행위를 했을 때 '그 행위로 인해 자신이 전혀 의도하지 않았거나 알아챌 수 없었던 결과가 발생한 것에 대해 자신의 탓이 있고', '자신이 행한 일이 치명적이고 예기치 못한 결과를 초래하더라도 절대 그 행위를 되돌릴 수 없다'라는 점에서 죄책을 지게 된다.[41] 그래서 인간은 본인의 행위에 따라붙는 불가역성의 부담과 결과 예측 불가능성의 부담을 져야 한다.

행위에 대한 피할 수 없는 이러한 **죄책**과 관련해 아렌트는 '용서'의 개념을 도입했다. 용서하는 행위는 인간 행위에 내재한 필연적 죄책을 사해 준다. 이미 행한 것의 결과로부터 서로를 자유롭게 해 주는 것이다. 아렌트는 용서를 행위로 인해 시작되어 버린 흐름의 불가역성과 예측 불가능성 그리고 이미 한 행위를 되돌릴 수 없다는 사실을 치유하는 '치료제'로 삼았다. 아렌트는 용서할 수 있는 능력만이 우리로 하여금 '자유를 이루어 낼 힘과 새로 시작해 낼 힘에 버금가는 대단한 능력이면서 동시에 대단히 위험한 힘'을 갖게 해 준다고 말했다.[42]

그러나 용서는 이미 벌어진 일로 거슬러 올라가 거기서 새로 시작할 여지를 만든다는 점에서 '과거'와 관련된 행위다. 하지만 인간은 불확실한 미래를 향해 나아가면서 행위한다. 용서가 행위의 '미래성'이 초래하는 우연성까지 극복하지는 못한다. 게다가 변덕스럽고 수수께끼 같은 인간 마음의 특성이 그러한 불확실성의 안개를 더욱 크게 만든다. 아렌트는 이러한 미래의 예측 불가능성과 관련해 '약속'의 개념을 도입하였다. 약속은 '불확실성의 바다'에서 '예측 가능한 것을 찾아 확실하고 명확한 경계가 둘러쳐진 섬으로 만드는 일'이다.[43] 약속은 '미래를 마치 현재처럼 다루어, 그것을 처리할' 가능성을 우리에게 준다.[44] 약속이 미래를 예측 가능하고 처리 가능하도록 만들어 주는 것이다. 아렌트는 니체가 말한 "자신이 뱉은 말을 불의의 사고나 '운명에 맞서서까지' 지켜낼 수 있을 정도로 본인이 강하다는 걸 알기 때문에 그 말이 응당 신뢰받을 것이라고 여기는" 사람에게서 비로소 강해지는 '힘과 자유에 대한 의식'을 인용하기도 했다.[45]

과거는 용서를 통해서, 미래는 약속을 통해서 **다룰 수 있다.** 아렌트는 용서와 약속이 인간 행위의 두 기본 조건이라고 했다. 아렌트는 이 둘을 '새롭지만 종결될 수는 없는 흐름을 거슬러 다시 시작하고 풀어낼 수 있는 능력을 지니게 하는 일종의 제어 기관'과 같다고 말했다.[46] 아렌트에 따르면 인간은 이미 행해진 일을 없던 일로 만드는 능력이나 자기로부터 시작된 흐름을 통제할 능력이 없는 상태에서 행위하지 않고서는 필멸의 생을 지배하여 탄생의 순간부터 숙명적으로 죽음을 향하도록 재촉하는 법칙에서 자유롭기란 불가능하다.[47] 행위할 수 있어야 비로소 자동적인 생의 흐름에서 멈춰설 수 있다. 새로 시작할 힘이 없다면 우리는 '인간의 운명에 처한 모든 것을 그저 반복하며 죽음으로 내달려 갈' 숙명에 처해 있을 뿐이다.[48]

세계의 흐름을 나타내는 이러한 자동적 과정을 고려할 때, 아렌트에 따르면 인간의 모든 행위는 기적의 특성을 띤다. "이 세상에는 '기적'을 행하는 완전히 현세적인 힘이 있다는 사실, 그리고 이러한 기적을 일으키는 힘이 곧 인간의 행위하는 힘과 다르지 않다는 사실을 나사렛 예수는 (…) 알고 있었을 뿐만 아니라, 기적을 행하는 힘과 용서할 힘을 같은 선상에 놓고 이를 현세의 피조물인 인간이 활용할 수 있는, 인간에게 주어진 가능성이라고 설파했다."[49] 세상의 흐름을 중지하고 파멸에서 구하는 기적은 '탄생성 자체의 사실', 즉 '태어남', '행위와 같은 것들이 일단 행해질 수 있기 위한 존재론적 전제'다. 아렌트는 바로 이 지점에서 희망에 관해 이렇게 말한다. "'기적'은 인간이 태어난다는 사실, 그리고 그 태어남 덕분에 행위하여 실현할 수 있는 새로운 시작에 있다. 이러한 행위의 측면을 완전히 경험 가능한 곳에서만 비로소 '믿음과 희망' 같은 것이 존재할 수 있다 (…). 세상을 신뢰하고 세상을 위해 희망할 수 있다는 것을 표현하는 말 중 제일은 바흐의 〈크리스마스 오라토리오〉에서 '기쁜 소식'을 선포하는 말인 '한 아이가 태어났도다'이다. 이보다 더 정확하고 더 아름다운 표현은 찾지 못했다."[50]

이것이 아렌트식 행위이론의 골자다. 아렌트에게 희망은, 행위할 때 결정적이지 않다. 아렌트는 인간이 희망할 수 있는 이유는 행위할 수 있어서고, 행위에 희망이 필수적이지는 않다고 말했다. 그러나 아렌트는 행위의 원인이 되는 희망의 태곳적 성질을 간과했다. 희망이 행위에 선행하는 것이지, 행위가 희망에 선행하는 건 아니기 때문이다. 따라서 **기적**을 일으키는 것은 행위가 아니라 희망이다.

희망은 본질적으로 관조적인 특성을 지니고 있다. 이것이 아렌트가 희망을 본인의 행위이론에 통합하지 못한 이유다. 희망은 행위하는 것에 분명 가까이 위치하긴 하지만, 아렌트가 말한 **실천적 삶**vita activa의 구성 요소에 포함되지는 못했다. 아렌트는 관조적인 것을 기본적으로 불신한다. 행위에 대한 그의 개념은 오로지 활동, 즉 의지적 주도성과 관련돼 있다. 그래서 아렌트는 희망 안에서 비로소 **실천적 삶**과 **관조적 삶**vita contemplativa이 아름다운 합을 이룰 수 있다는 사실을 알지 못했다.

인간은 희망할 수 있기 때문에 행위할 수 있다. 새로운 시작은 희망 없이는 불가능하다. 희망의 정신이 행위에 영감을 불어넣는다. 즉, **새로운 것에 대한**

열정을 불어넣는다. 행위는 그로 인해 **정념**이 된다. 앞을 향하여 꿈꾸지 않는 이는 새로운 시작을 감행할 수 없다. 희망의 정신이 결여된 행위는 단순한 행동이나 문제 해결로 전락한다.

희망은 **구원**을 목표로 한다. '한 아이가 태어났도다'라는 기쁜 소식은 희망을 나타내는 순수한 표현이다. 희망은 행위에 관한 것이 아니다. 희망은 행위에 선행하기 때문이다. 〈크리스마스 오라토리오〉에서 환희를 불러일으키는 것은 행위가 아니라 믿음과 희망이다. "환호하라, 기뻐하라, 이날을 찬양하라, / 가장 높으신 분이 행하신 일을 찬양하라! / 망설임도 불평도 쫓아 버리고, / 기쁨과 환희로 가득 채워 노래하라!"

아렌트의 용서 이론은 용서의 현상을 제대로 반영하지 못했다. 내가 하고자 하지 않았던 일에 대해 용서해 줄 수 있는 사람은 아무도 없다. 내가 의도하지 않았던 내 행위의 결과에 대해서 나는 그 누구에게도 용서를 구할 수 없다. 그러한 것들은 행위의 우연성에 귀속되는 일이며, 그것을 책임질 수 있는 사람은 아무도 없다. 그러나 이 지점에서 우리는 용서가 성립되는 것 자체가 불가능하다는 **존재론적 죄책**에 얽히게 된다. 이는 인간의 현존재성의 유한성, 자유의 유한성을 드러낸다. 이러한 죄책을 진다는 것은 인간이 자신의 행위가 초래할 결과 앞에 무방비하게 노출되어 있으며, 그러한 결과를 자신의 자유의지로는 어찌하지 못한다는 것을 의미한다. 이러한 죄책에서 자유로운 것은 오로지 자신의 행위로 인해 발생한 모든 결과를 통제할 수 있는 절대자이자 무한히 자유로운 신뿐이다.

철학자 마르틴 하이데거Martin Heidegger의 경우, 이러한 인간 실존의 유한성을 인간이 자신의 존재 이유를 스스로 마련하지 못한다는 데서 오는 죄책으로 설명하려 했다. 그러나 그러한 죄책도 결국 용서는 불가능하다. 용서는 의도된 행위에 대해 이루어

져야 하는 것으로, 행위자가 예측하지 못한 결과에 대해서는 용서가 논의될 이유가 없다. 우연성은 용서의 대상이 아니다. **용서가 아니라 희망이 새로 시작할 여지를 열어 줄 것이다.** 희망은 행위로 시작된 흐름의 부정적 결과를 명확히 직시하고, **가능한 것**에 마음을 다시 열 수 있도록 해 준다. 희망을 통해 우리는 지나간 것에 작별을 고하고 미래의 것, 가능한 것, 아직 존재하지 않은 것을 바라보게 된다.

희망에는 열린 미래가 전제되어 있다. 이러한 열린 미래는 의도된 것도 아니고, 예측 가능한 것도 아니며, 사전에 통제 가능한 결과를 포함하고 있지도 않다. 만일 약속의 힘을 빌려 시간을 실제로 완전히 닫아 버린다면, 즉 '미래를 마치 현재인 것처럼' '완전히 닫아 버린다면' 희망은 필요가 없어진다. 희망도, 신뢰도, **열린** 지평을 전제로 하기 때문이다. 신뢰란 타인에 대해 잘 알지 못함에도 불구하고 긍정적인 관계를 쌓는 것이다. 신뢰는 지식이 부족함에도 불구하고 행위할 수 있게 만든다. 반면에 지식은 신뢰를 불필요하게 만든다. 아렌트는 '상호 약속이 지닌 구속력'이 '계약에 반영된다'라고 주장했다. 그러나 계약은 신뢰나 약속이 아니라 폭력에 그 기반을 두고 있다. 절대적 신뢰가 지배적인 곳, 절대적 약속이 적용되는 곳에서는 계약이 불필요하다. 계약사항 불이행 시 처벌이나 제재 같이 부정적 결과가 따라올 것이라는 점이 위협으로 느껴질 수 있는한, 계약에는 폭력이 작동한다고 보아야 한다. 우리는 신뢰할 수 없을 때 계약을 체결한다. 사람들이 합의한 법도 계약의 성격을 지닌다. **예정된 폭력의 실제 행사 가능성** 자체가 계약 당사자로 하여금 계약 혹은 법을 지키도록 강제한다. 따라서 계약은 신뢰의 여지를 철저히 제거한다. 우리는 모든 대인관계를 법적으로 규정할 수 없기에 신뢰에 의존한다. 신뢰는 사회적 상호작용을 용이하게 만들어 준다.

아렌트의 '기쁜 소식'에 관한 해석은 **종말론적** 차원을 사라지게 한다. 기독교적 희망은 행위의 내재적 측면이 아니라 **믿음의 초월적 측면**에 있다. 신학 박사 위르겐 몰트만Jurgen Moltmann은『희망의 신학』에서 이렇게 말했다. "기독교의 희망은 부활하신 그리스도의 하나님에 의한 만물의 새 창조, 궁극적인 새로움novum ultimum을 향해 있다. 따라서 이 희망은 죽음까지도 포괄하는 미래 지평을 열어낸다. 그 안에서 새로운 삶을 살고 싶어 하는 다른 희망들을 각성시키고, 상대화하고, 정돈할 수 있고 또 그래야만 하는 것이다."⁵¹

기독교적 희망은 무활동 수동성으로 이어지지 않는다. 오히려 행위의 환상을 자극하여 '낡은 것으로부터 깨어나 새로운 것으로 적응하는' '창발력'을 일깨워 줌으로써⁵² 행위할 동력을 제공한다. 세상을 피하려 하지 않고 '미래에 열광적'이다.⁵³ 정적靜寂주의적quietistisch 물러섬이 아니라 '**불안한 마음**cor inquietum'이 이러한 희망의 본질이다. 세상은 희망

안에서 과장되거나 축소되지 않는다. 희망은 오히려 세상이 가진 모든 부정성에 맞서 대항한다. 그렇게 희망은 **혁명의 정신**을 키운다. "이러한 점에서 기독교적 희망은 항상 그것의 영향력이 미치는 공동체의 정신사精神史에서 혁명적으로 작용했다."[54] 희망의 정신에는 행위할 결단이 내재해 있다. 희망하는 이는 **새로운 것, 궁극적인 새로움으로부터 영감을 받는다**. 희망은 **새로운 삶으로의 도약**을 감행하게 한다.

　절대적 희망은 절대적 절망이 지닌 부정적 성질을 마주했을 때 그 눈을 뜬다. 그것은 **심연**으로 떨어지는 절벽 근처에서 싹을 틔운다. 절대적 절망의 부정성이란 행위하는 것 자체가 더 이상 불가능해 보이는 것을 말한다. 그것은 우리의 삶을 구성하는 서사가 완전히 무너져 내리는 순간에 생겨난다. 서사는 무엇이 좋고, 아름답고, 의미 있고, 가치 있고, 추구할 만한지를 결정하는 의미관계로 이루어져 있다. 서사의 완전한 붕괴는 세상, 삶, 즉 우리가 방향을 잡고 살아가는 모든 가치와 규범이 파괴됨을 의미한다. 그 철저한 붕괴는 **언어의 붕괴**, 곧 삶을 묘사하고 이해할 수 있게 해 주는 **개념의 붕괴**를 의미한다.

행위한다는 것은 의미관계의 짜임 안에서만 가능하다. 이것이 찢어져 버리면 의미 없는 행위나 눈 먼 몸짓밖에 할 수 없게 된다. 절대적 절망에서 우리를 구원해 줄 수 있는 것은 과연 무엇인가? 단순히 문제를 해결하거나 갈등을 푸는 것만이 중요한 게 아니다. 이때의 문제는 잘 작동 중인 삶의 맥락 안에서 발생한, 치료로 해결이 가능한 결함이나 기능장애를 말한다. 그러나 삶의 맥락 자체가 치료 불가능할 정도로 붕괴해 버린 곳에서는 해결 가능한 문제**조차**도 존재하지 않는다. 이럴 때는 문제의 해결이 아니라 **구원**만이 절망의 절대적 부정성으로부터 우리를 자유롭게 해 줄 수 있을 것이다.

절망이 깊을수록 희망은 강렬해진다. 그것이 **희**

망의 변증법이다. 절망이 지닌 부정적 성질은 희망을 더욱 강렬하게 만든다. 높이 오른 희망에는 깊은 뿌리가 있다. 여기에 희망과 낙관주의의 차이가 있다. 낙관주의에는 이러한 부정성이 없다. 절대적 희망은 깊은 절망 안에서도 다시 행위할 수 있게 해 준다. 희망은 의미가 있다는 확고한 믿음으로 충만한 상태다. **의미 있는 것**에 대한 믿음만이 비로소 우리에게 방향과 딛고 설 곳을 준다.

시인 파울 첼란Paul Celan에게 희망은 '잃지 않음'이다. 그러나 이 '잃지 않음'에 대한 단단한 믿음은 완전한 상실, 완전한 잃어버림 앞에서 비로소 깨어난다. 희망은 깊은 행복이 그러하듯이 **깨어진 상태에서 가능하다**. 희망에는 **깨어짐**이 내재해 있다. **깨어짐이 지닌 부정적 성격은** 희망을 만들고 영혼을 부여한다. 희망의 밝은 빛은 역설적이게도 가장 깊은 어둠을 먹고 산다. 그러나 이러한 변증법이 낙관주의에는 없다.

파울 첼란은 언어를 끔찍한 침묵, 충격적인 말

문 막힘에 대항해 자기 자신을 지키는 훌륭한 희망의 장소로 묘사했다. "상실 속에서 이것 하나만이 닿을 수 있는 곳에 가깝게, 상실되지 않고 남아 있었다. 바로 언어다. 언어, 이것만은 상실되지 않고 남아 있다. 그렇다, 모든 것을 잃었음에도 불구하고. 그러나 비록 상실되지는 않았지만, 언어는 답을 할 수 없는 상태를 헤쳐 나아가야 했고, 끔찍한 침묵을 뚫어야 했으며, 치명적인 말의 수천 가지 암흑을 통과해 나아가야 했다. 언어는 그 모든 것을 뚫고 나아가는 데는 성공하였으나, 정작 일어난 일에 대해서는 말하지 않았다. 그저 뚫고 나아갔고, 모든 것에서 '풍부해진' 상태로 다시 모습을 드러낼 수 있게 되었다."[55]

희망에는 '**그럼에도 불구하고**'가 내재해 있다. 희망은 **절대적 재앙**에 맞선다. **희망의 별**은 **불운**Unstern, 라틴어로 des-astrum, 즉 **재앙**과 이웃한다. 재앙의 부정성과 '그럼에도 불구하고'의 부정성이 제거되면 낙관주의의 평범함만이 남을 것이다. 희망이 지닌 부정성은 작가 잉게보르크 바흐만Ingeborg Bachmann이 말한 '그럼에도 불구하고'로 응축된다. 언어와 시는 이 '그럼에도 불구하고'를 묘사한다. **시인이 말하는 한, 세상에 희망은 있다.** "나는 진실로 무언가를 믿는다. 그것을 나는 '그날이 온다'라고 표현한다. 언젠가 그날은 올 것이지만, 어쩌면 오지 않을 수도 있다. 그날은 늘 파괴되기 때문이다. 수천 년 동안 항상 그렇게 파괴되어 왔다. 그날은 오지 않을 것이지만, **그럼에도 불구하고** 나는 올 것이라고 믿는다. 그것을 믿지 못하면 나는 글을 쓸 수 없을 것이기 때문이다."[56] 희망은 글쓰기에 있어 발효제와도 같다. 시는 희망의 언어다.

바흐만은 희망을 **삶의 가능성을 이루는 조건**이라고 말했다. 바흐만은 희망을 '인간 조건Conditio humana' 그 자체라고 설명한다. 행위를 이끄는 것이 바로 희망이라고 말이다. 이 점에서 바흐만과 아렌트가 근본적으로 차이를 보인다. 아렌트에게 가장 높은 우선순위였던 '행위'가 바흐만에게는 희망보다 우선하지 않는다. 바흐만은 희망 자체가 행위에 약동할 힘을 부여한다고 말한다. **'인간은 희망하는 한 살아 있다.'** 여기서 바흐만은 다시금 희망의 **역설적이고도 아포리아적인** 구성을 강조한다. "〈보헤미아는 바닷가에 있다〉는 내가 항상 곱씹는 시다. 아마 모든 이에게 적용되는 메시지일 것이다. 그 땅은 도달할 수 없는 희망의 땅이지만, 그럼에도 불구하고 희망하지 않으면 살아갈 수 없기에 반드시 희망하여야 하는 땅이기 때문이다. (…) 그 땅은 유토피아, 즉 존재하지 않는 땅이다. 보헤미아에는 바다가 없고, 그 사실을 우리도 알고 있다. 그러나 그것은 바닷가에 없지만, 동시에 바닷가에 있다. (…) 이 말은 곧, 그 땅은 잃어버릴 수 있는 게 아니라는 뜻이다. (…) 그러므로 희망하지 않는 자, 즉 살아 숨 쉬지 않는 자, 사랑하지 않는 자, 바닷가에 있는 보헤미아를 희망하지 않는 자는 나에게 있어서 인간이라고 할 수 없다."[57] '가능하지 않은 것'과 '그럼에도 불구하고' 사이의 긴장은 '믿음의 행위'가 되어 미래를 열고 언어를 지속시킨다. '그럼에도 불구하고'가 삶을 가능하게 한다.

바흐만은 〈보헤미아는 바닷가에 있다〉라는 희망의 시를 희망의 색인 녹색으로 묘사한다.

이곳의 집들이 녹색이라면,
나는 집 안으로 들어설 것이다.
이곳의 다리가 튼튼하다면,
나는 단단한 땅 위를 걸을 것이다.

희망은 **집 안에 들이기**를 가능케 한다. 희망은 **집, 고향**을 약속하기 때문이다. 희망은 갈 수 없는 곳과 절벽을 건너게 해 주는 **다리**를 놓는다. 희망은 우리에게 **방향과 지지할 곳**을 제공한다. 희망하는 사람은 '단단한 땅 위를 걷는다'. 바흐만은 첼란의 '잃지 않음' 개념을 고수한다. 단단한 땅에 도달하는 것은 역설적이게도 완전히 무너져 밑바닥으로 추락했을 때 가능하다. 잃음과 잃지 않음은 서로를 강화한다.

희망은 어떤 다른 곳으로부터,
즉 '먼 것'으로부터 온다고 생각한다.

사랑의 수고로움이 모든 시간으로

흩어져 사라지더라도,

나는 그것을 즐거이 잃겠다.

(…) 나는 더 이상 나를 위한

그 무엇도 하고 싶지 않다.

나는 무너져 버리고 싶다.

무너진다는 것 - 그것은 바다로 가서

다시 보헤미아를 찾는 것이다.

밑바닥에 도달하면,

나는 다시 조용히 눈을 뜰 것이다.

그때 비로소 알 수 있을 것이다.

아직 나를 잃지 않았다는 것을.

프란츠 카프카Franz Kafka는 한 이야기에서 **희망 없는 상황에서의 희망**을 설명한다. 이야기의 주인공은 특이하게도 이름이 '절망'이다. "'절망'은 작은 배를 타고 희망봉 주변을 항해했다. 이른 아침, 강한 바람이 불었지만 '절망'은 작은 돛을 펴고는 평화롭게 돌아와 누울 뿐이었다. 그가 뭘 두려워해야 했을까? 미세한 흐름을 타며 위험한 바닷속의 수많은 암초를 헤치고, 마치 살아 있는 생물체와 같은 기민함으로 미끄러져 나아가는 이 작은 배 위에서."[58] 절대적 희망이란, 희망 없는 상황에서의 희망 또는 희망 없는 사람의 희망이다. 희망은 완전한 절망을 마주했을 때 깨어나기 때문이다. 즉, 절대적 희망은 절대적 절망이 지닌 부정적 성질에서 나오는 것이다. 결의 있는 '그럼에도 불구하고'가 희망의 특징이다. 지속적인 **실존 상태**로서 희망은 구체적인 목표, 위의 이야기대로라면 가까운 항구로 향하지 않는다. 카프카의 이야기에서 '절망'은 어딘가에 **도착하지 않는다. 도착하지 않음**이 절대적 희망의 본질이다. 희망은 삶에 태연과 확신을 부여한다. 그래서 '절망'은 위험한 물살 속에서도 평온히 다시 자리로 돌아와 누운 것이다.

부정성은 희망 없는 상황에서 희망이 지니는 본질이다. 바울은 로마서에서 이렇게 썼다. "그가[아브

라함이] 바랄 수 없는 중에 바라고 믿었으니."[59] 상황이 어두울수록 희망은 더 단단해진다. 카프카의 단편소설 「황제의 칙명」도 희망이 지닌 부정성을 드러낸다. "황제는 그대에게, 비탄에 잠긴 신하인 그대에게, 황제의 태양에서 가장 먼 곳의 그늘에 있는 그대에게 전할 말을 그가 죽어가는 침상 앞에서 이야기하였다. 그는 침대에서 사자使者의 무릎을 꿇게 하고 그의 전언을 속삭였다. 전언이 중요했던 황제는 사자에게 방금 들은 것을 다시 자기에게 말하도록 했다. 황제는 고개를 끄덕이며 사자가 잘 들었음을 확인하였다. 그러고는 임종을 지키는 사람들 앞에서, 황제를 가린 것을 허물고 넓고 높게 뻗어 오른 계단에 원을 이루고 서 있는 제국의 고위 관료들 앞에서, 그 모두의 앞에서 그는 사자를 출발시켰다. 사자는 곧바로 길을 나섰다. 그는 강하고 지칠 줄 모르는 남자였다. 한쪽 팔, 다른 쪽 팔을 번갈아 뻗으며 군중을 헤치고 앞으로 나아갔고, 앞을 가로막는 이를 만나면 가슴에 그려진 태양의 표식을 보여 주었다. 그는 누구보다도 쉽게 앞으로 나아갔다. 그러나 군중은 너무나 많았고, 그들이 서 있는 영역은 끝이 나질 않았다. 너른 들판이 그의 앞에 나타났더라면 그는 날 듯이 질주할 수 있었을 텐데, 그러면 머지않아 그대도 그가 주먹으로 문을 힘차게 두드리는 소리를 들을 수 있었을 텐데. 그러나 그는 여전히 무의미한 노력 중이다. 여전히 궁 내부를 통과하는 중이다. 그는 아마 절대 그곳을 뚫지 못할 것이다. 설령 뚫는다 해도 소용없을 것이다. 그다음 펼쳐질 계단을 내려가야 하기 때문이다. 계단을 내려간다 해도 소용없을 것이다. 그다음 펼쳐질 뜰을 가로질러야 하기 때문이다. 뜰 뒤에는 궁이 하나 더 있다. 그리고 그 궁에서 다시 계단과 뜰을 지나야 한다. 그러면 또다시 궁이 나온다. 그렇게 수천 년을 뚫고 나아가야 한다. 그러다 보면 결국에는 가장 바깥의 문을 열고 나올 수야 있겠으나 절대로, 절대로 그런 일은 일어나지 않겠지만, 혹시라도 그 문을 열고 나온다 해도 그다음에는 도시, 세상의 중심, 높이 쌓인 온갖 도시 찌

꺼기들이 그의 눈앞에 펼쳐질 것이다. 누구라도, 게다가 망자의 전언을 전하려는 자는 절대 이 모든 걸 통과해 낼 수 없을 것이다. 그러나 그대는 저녁이 되면 창가에 앉아 그 전언을 들을 수 있기를 애타게 꿈꿀 것이겠지."[60] 꿈이 꾸어지는 한, 황제의 전언은 선택된 수신자로부터 오는 중인 셈이다. 전언을 만들어 내거나 꿈꾸게 하는 것은 결국 희망이다.

이 이야기는 카프카의 단편소설 「만리장성의 축조」에 실려 있다. 이 이야기는 만리장성의 완공 불가능성에 빗댄, 희망 없는 희망을 말하고 있다. '성실하지만 그 자체로는 긴 인간의 생에서 목표에 도달하지 못할 일에 대한 절망'[61]을 다룬 것이다. 그러나 희망 없는 희망이야말로 축조를 지속할 수 있게 해 준다. 「황제의 칙명」 말미에는 이렇게 쓰여 있다. "바로 그렇게, 그렇게 희망 없이 그러나 동시에 희망에 찬 채 우리 민족은 황제를 바라보고 있다."[62] 절대적 희망은 끝이 없는 과정이다. 황제의 전언은 도착

하지 않는다. 그러나 이 '도착하지 않음'이 바로 희
망을 유지하게 만든다.

　끝없는 만리장성 축조는 사람들을 희망의 정신
으로 단결시켜 안정적인 공동체를 만든다. 이 성곽
은 실제로는 외부의 적으로부터 자신들을 보호하
는 역할을 하지 않는다. 그들이 외부의 적이라 칭한
'북방 민족'은 실제로는 존재하지 않았던 것으로 전
해진다. "우리는 그들을(북방 민족을) 본 적이 없으며,
우리가 마을 안에 사는 한 앞으로도 볼 수 없을 것
이다. 그들이 야생마를 타고 우릴 향해 질주해 덤벼
든다 하더라도 땅이 매우 크므로 결코 우리에게 도
달할 수 없을 것이며, 그저 텅 빈 벌판에서 뛰어다
닐 수밖에 없을 것이다."[63] 적이 없었다면 만리장성
은 무엇으로부터 중국 민족을 보호하는가? 성곽 축
조는 공동체를 **내적으로** 강화한다. 그렇다. 그것은 감
정의 공동체를, **집단적 영혼**을, **민족의 원무**圓舞를 만들어
낸다. 절대적 희망은 사람들을 연결하고 연합한다.

"잠시 머무는 고향에서의 조용한 생활은 그들을 강화했고, 축조에 참여한 사람들이 얻게 되는 명망, 그들의 보고를 경청하는 사람들이 지닌 믿음에 찬 겸허, 평범하고 조용히 살아가는 일반 시민이 성곽의 완공에 거는 신뢰, 이 모든 것이 민족의 영혼 속 현絃을 팽팽하게 당겼다. 영구히 희망하는 어린아이처럼 그들은 고향을 떠나 민족의 과업에 참여하고자 하는 마음을 참을 수 없게 되었다. 그들은 필요 이상으로 집을 일찍 떠났고, 마을의 절반이 그들이 떠나는 긴 여정을 함께했다. (…) 모든 농사꾼은 같은 성곽을 쌓는 형제였다 (…). 단결! 단결! 가슴과 가슴을 맞대고, 민족의 원무가, 피가 더 이상 몸뚱이의 궁핍한 순환 안에 갇혀 있지 않고 감미롭게 흘러 나가 무한한 중국을 돌아 다시 온다."[64] 오늘날, 우리가 속한 나르시시즘적 공동체에서는 이 피가 자아의 궁핍한 순환 속에 갇혀 있다. 더 이상 세상으로 흘러 나가지 않는다. 세상 없이, 우리는 그저 자신의 자아 안에서 순환한다. 반면에 희망에는 폭이 존재한다. 희망은

'우리'를 만들어 낸다. 이것이 단순한 소원 또는 기대와 희망의 차이다.

공산주의 정권에 맞서 인권을 위해 싸운 동구권 Ostblocks 붕괴 후 체코슬로바키아의 대통령이 된 바츨라프 하벨Vaclav Havel은 깊은 절망 속에서 절대적 희망의 무엇을 느꼈던 것 같다. 그는 한 인터뷰에서 희망에 관한 자신의 의견을 말했다. "먼저 나는 내가 상당히(특히 감옥 안에서와 같은 절망적인 상황에서) 자주 생각하곤 하는 희망을 무엇보다 본질적으로 '정신의 상태'라고 (…) 말하고 싶다. 희망은 영혼의 차원이므로 (…) 그 본질을 생각할 때 세상을 어떻게 관찰하고 상황을 어떻게 평가하는지와는 별개의 것이다. 희망은 예측의 차원이 아니다. 희망은 실제 살고 있는 세계를 뛰어넘어 어딘가 저 먼 곳에, 그 경계선 너머에 닻을 내린 정신의 방향, 마음의 방향이다. 내면의 어떤 것으로부터, 세계 내 어떠한 움직임으로부터, 또는 그것의 긍정적인 신호로부터 단순히 파생된 개념으로는 내가 생각하는 희망을 설명할 수 없다. 나는 희망의 깊은 뿌리가 어딘가 초월적인 곳에서 느껴진다 (…). 이 깊고도 강력한 의미를 지닌 희망의 강도는 눈에 보일 만큼 머지않은 성공으로 이끌어 줄 어떤 계획에 투자하려는 의지가 지닌 긍정적 흐름에서 느낄 수 있는 기쁨의 정도가 아니다. 무언가가 성공을 반드시 보장하지는 않더라도 그것이 그저 좋아서 애쓰는 힘의 정도다. 우리가 희망을 품기에 상황이 좋지 않으면 않을수록, 그 희망은 더 깊어진다. 희망은 낙관주의가 아니기 때문이다. 희망은 어떤 것이 잘될 거라는 확신이 아니라, 그것이 어떻게 되는지와는 상관없이 의미 있을 거라고 생각하는 확신이다. 따라서 나는 어떤 무엇에도 불구하고 우리를 붙잡아 주고, 선善한 행위를 계속할 수 있게 해 주는 가장 깊고 가장 중요한 희망과 인간 정신, 그것을 위한 노력이 지닌 위대함의 유일무이하고도 진정한 원천이 '어떤 다른 곳'에 있다고 생각한다. 모든 것에 앞서는 이 희망은 외부적 조건이 아

무리 절망적으로 느껴질지라도 우리에게 살아갈 힘,
항상 새로운 것을 시도할 힘을 준다."[65]

  하벨에게 있어 희망은 '영혼의 차원', '정신의 상
태'다. '정신의 방향', '마음의 방향'인 이 희망은 그
러므로 **길을 제시한다**. 벌판 위에 서서 더 이상 방향을
찾지 못하는 사람을 인도해 나간다. 하벨은 희망을
세상의 내재적 특성으로 규정하지 않는다. 희망은 **어
떤 다른 곳으로부터**, 즉 '먼 것'으로부터 온다고 생각한
다. 희망의 깊은 뿌리는 '초월적인 것'에 있다. 희망
은 세계 내 일의 흐름으로부터 완전히 독립적일 때
비로소 **절대적**이 된다. 희망은 모든 예측이나 계산과
무관하다. 하벨은 스스로를 낙관주의자로도, 비관주
의자로도 여기지 않는다. 희망은 일의 결과와 전혀
관련이 없기 때문이다. 희망을 소원이나 기대로 축
소해 생각하면 안 된다. 희망에는 **아우라적인 먼 것**이
내재해 있기 때문이다. 따라서 희망은 처리 가능하
게 만드는 모든 것으로부터 벗어난다. 희망은 긍정

적인 소원이나 필요의 충족으로 대체해 말할 수 있는 개념이 아니다.

오늘날 우리에게서는 **먼 것**이 사라지고 있다. 그저 소원을 품기만 하고, 희망할 줄은 모른다. 먼 것 없이는 가까운 것도 없다. 먼 것과 가까운 것은 상호 조건적이다. 가까운 것은 거리 없음이 아니다. 가까운 것이 있다는 건 먼 것도 있다는 뜻이기 때문이다. 먼 것이 모두 사라진 곳에서는 가까운 것도 사라져 간다. 가까운 것이 먼 것을 깊어지게 한다. 벤야민은 이와 관련해 이렇게 말했다. "카를 크라우스Karl Kraus 가 '단어를 더 가까이에서 들여다볼수록, 그 단어는 더 멀리서 나를 바라본다'라고 아름답게 표현한 낯설게 하기 현상은 시각적인 것으로도 확장하는 일이 가능하다. 나는 나의 메모들 사이에서 '사물이 시선을 견디는 방식'이라는 놀라운 메모를 발견했다."[66]

먼 것은 언어를 **시**에 가깝게 만든다. 정보사회에서 언어는 아우라적인 먼 것들을 잃어버리고 정보로 단순화된다. 디지털 과잉 소통은 우리를 **말이 없게** 만든다. 그리하여 오늘날 우리는 시가 없는 시대를 살아가고 있다. 정보만을 소비하는 사람은 더 이상 시를 읽지 않는다.

희망은 인간의 자유의지가 지닌 내재적 특성을 초월한다. 즉, 인간 그 이상의 것을 드러내게 한다. 희망은 절대적 부정성 앞에서 비로소 깨어난다. 희망의 씨앗을 싹트게 하는 것은 다름 아닌 사막이다. 파울 첼란은 희망의 부정성과 초월성을 다음과 같이 묘사했다.

실 같은 태양 빛

흑회색 황무지 위로

나무―

고상한 생각이

빛의 음을 포착한다. 아직

인간을 초월하여 부를 노래가

남아 있구나.

'흑회색 황무지'는 희망을 특징짓는 부정성을

묘사한다. 그런 황무지 위로 **희망의 나무**가 자라난다.

또한 희망은 **저 너머, 초월성**을 지니며, 설명할 수 있는

것이 아니라 오로지 **노래할** 수 있는 것이다.

하이데거 사상에서 **새로운, 예상치 못한, 거기 있었던**

적 없는 가능성이 지닌 열린 지평으로서의 미래는 낯

설다. 하이데거에 따르면 모든 세계에의 '기투企投,

Entwurf'*는 '피투성被投性, Geworfenheit**의 경계 안에'

있기 때문이다.[67] 하이데거의 사상은 본질로서의 '존

재Wesen'***, '기-존재Ge-Wesenen'****에 적용된다. 거기

---

*   [옮긴이] 태어나짐(geboren)으로 세상에 던져진(geworfen) 현존재(Dasein)로서의 인간이 주어
      진 삶에서 주변의 수단들을 유의의화하며 스스로를 이해하는 인간의 존재 양식
**   [옮긴이] 하이데거의 『존재와 시간』에서 말한 개념으로, 인간이 세상에 피동적으로 던져짐
      으로 존재하게 되었음을 뜻한다.
*** [옮긴이] 'das Wesen'은 '존재'와 '본질'이라는 뜻을 모두 가지고 있다.
**** [옮긴이] 'das Gewesene'는 독일어 과거 시간 동사 'gewesen'을 명사화한 '과거의 것'을 뜻
      하는데, 여기서는 하이픈을 살려 'das Ge-Wesene'를 '기(존의)-존재'로 번역함을 밝힌다.

에 아직 태어나지 않은 것, 아직 거기 있었던 적 없는 것을 위한 자리는 없다. 그것은 무엇보다 **존재했던 것**, 즉 존재로의 **회귀**에 적용되는 것이다. 하이데거는 **앞과 밖으로 내다보기**의 지향성에 대해서는 말하지 않는다. **존재와 이미 존재했던 것으로의 회귀**가 하이데거 사상의 처리 방식이다.

블로흐의 희망 개념에는 희망의 본질적 구성요소인 부정성이 내재해 있지 않다. 그래서 블로흐가 말하는 희망은 '완전히 긍정적인 기대의 감정'에 가깝다.[68] 블로흐는 희망을 불변의 형이상학적, 우주적 원리로 형상화했다. 그가 말하는 희망은 헤겔이 말한 '역사의 두더지'와 비슷한 작업 특성을 지닌 '뚫고 나아가는 선善'을 의미한다. 블로흐에 따르면 희망은 거의 화학적이라고도 볼 수 있는, 세상을 완성형으로 이끄는 과정의 자극이다. "세계의 물질 형성 과정은 (…) '아직 아님'이 '모든 것'으로 가는 경향, '낯선 것'이 '동일함'으로 가는 경향, '주변 세계'

에서 '고향'으로 가는 경향이다. (…) 그러나 목표가 있는 희망은 거짓된 만족감으로는 달성되지 않으며, 구부러진 것은 곧게, 반쪽짜리는 온전하게 되고자 하는 혁명적인 철저함으로 달성된다."[69]

블로흐의 희망은 현실에 내재한, 세계를 완성해 나가고자 하는 열망이다. 이 희망은 배신당하거나 오해받을 수 있지만, 일종의 우주적 힘으로서 **객관적 으로** 지속되고 존재한다. 문학비평가 테리 이글턴은 블로흐가 말하는 희망의 이러한 **긍정성**을 비판했다. "블로흐의 주장이 맞다면 희망이 우주의 조류潮流를 따라서만 흐르고, 그것에 반해서는 흐르지 않는다는 결론에 도달한다. 그러나 그렇다고 한다면 모든 개별적인 희망의 행위는 그 가치가 현저히 하락할 것이다. 어떤 희망의 행위가 우주의 일반적인 흐름에 참여한다고 할 때, 그 희망의 행위는 '모든 상황에도 불구하고'의 희망, 즉 인간이 가장 절망적인 상황에서 붙잡는 희망보다는 덜 수고로울 것이다."[70] 그렇다. 블로흐의 희망에는 '**그럼에도 불구하고**'가 빠져 있다. 그것은 더 이상 **도전**이 아니다. 절망이 지닌 부정성 속에서 **애써 잡아낸** 것이 아니다. 이 흔한 '눈앞에 있음Vorhandensein'[*]이 희망의 가치를 하락시킨다. "희망은 값비싸게 얻어진 것일 때 비로소 지속적이고 정당화될 수 있는데, 블로흐의 우주는 온통 희망으로 넘쳐 흐른다는 문제가 있다."[71]

'정신의 상태'로서의 희망은 좌절될 수 없다. 그러한 희망은 세계 내 일의 흐름과는 독립적이기 때문이다. 블로흐는 모든 희망은 좌절될 수 있고, 심지어 반드시 좌절될 수밖에 없다는 입장을 취함으로써 절대적 희망, 즉 희망의 '정신'을 다루는 데는 소홀했다. 그가 말한 희망은 '희망의 명예에마저 좌절할 수 있어야 한다. **그렇지 않으면 그것은 희망이 아닐 것이다.**' 또한 이러한 희망은 '앞을 향해 열려 있고, 미래

---

[*]   [옮긴이] 눈앞에 있는 것은 '전재자(在前子)'로, 존재들 간의 관계 안에서가 아닌 객관적으로 존재하는 대상을 말한다.

를 향해 있고, 눈앞에 이미 존재하는 것을 의미하지 않기 때문에' '전적으로 좌절될 수 있어야' 한다.[72]

블로흐의 주장과 달리, 희망은 하벨의 말처럼 일의 결과와는 완전히 독립적이다. 하벨이 말한 희망은 결과가 어떻게 되든 상관없이 그것에 **의미**가 있다는 깊은 확신이다. 그러한 희망은 세계 내 일의 흐름을 넘어서는 초월성을 지니고 있다. 그러한 희망은 **믿음**이 되어 절대적 절망 속에서도 행동할 수 있게 한다. 지하세계에서 오르페우스를 부르는 희망의 여신은 그가 부정성 그 자체인 죽음의 제국을 통과하도록 인도한다. 그곳은 **희망** 없이 방향을 잡기란 불가능한 곳이다. 이탈리아 작곡가 클라우디오 몬테베르디Claudio Monteverdi의 〈오르페오L'Orfeo〉는 이 **절대적 희망**speranza assoluta을 **노래**에 담았다.

그대에게 이끌렸네, 나의 희망의 여신,
슬퍼하는 필멸자의 유일한 선善인 그대여,

나는 이제 그대의 안내로

이 슬프고 암울한 제국에 도달했네,

햇빛 한 줄기 들지 않는 이곳에.

그대, 나의 동반자이자 안내자여

이 낯설고 알 수 없는 길에

나의 약하고 떨리는 발걸음을 인도해 주니,

나는 오늘 다시 희망을 품네

그 행복한 빛을 다시 보기를

오직 나의 눈에 하루를 밝혀 주는 그 빛을.

Δημήτης ἠυκόμου, σεμνῆ. Θεάν

희망은 결과가 어떻게 되든 상관없이
그것에 의미가 있다는 깊은 확신이다.

희망과 인식

사유에는 감정적 차원과 신체적 차원이 있다. '**소름 돋은 피부**'는 첫 사유이미지다. **사유이미지**는 신체적 차원에 깊은 뿌리를 두고 있다. 느낌, 감정, 정서, 자극 없이 인식은 일어나지 않는다. 이것들이 사유를 **활성화**한다. 이것이 바로 인공지능이 사유할 수 없는 이유다. 느낌과 정서는 **아날로그적이고 신체적으로 일어나는 사건**이므로 알고리즘으로 나타내기 불가능하다. 인공지능이 계산은 할 수 있다. '지능Intelligenz'은 **여럿 사이에서 고르기**inter-legere에서 유래한 말이다. 이미 존재하는 옵션들 사이에서 고르는 것이다. 따라서 **새로운 것**을 만들어 내지 못한다. 진정으로 **사유**할 수 있는 사람은 '지능'적이지 않다. 오로지 사유함으로써만 '완전히 다른 것'에 접근할 수 있다. 프랑스 철학자 질

들뢰즈Gilles Deleuze에 따르면 **사유**하는 사람은 바보와 같다. 사유함의 게스투스Gestus*는 '바보처럼 행동하다faire l'idiot'이다.[73] 바보가 될 수 있는 사람만이 새로운 시작을 할 수 있고, 이미 존재하는 것들과의 근본적인 단절을 할 수 있으며, 기존의 존재했던 것을 떠나 **앞으로 도래할 것**으로 나아갈 수 있다. 바보만이 희망할 수 있다.

독일 철학자 막스 셸러Max Scheler는 『Liebe und Erkenntnis(사랑과 인식)』에서 요한 볼프강 폰 괴테 Johann Wolfgang von Goethe를 이렇게 인용했다. "사람은 사랑하는 대상만을 알아갈 수 있으며, 그 대상에 대한 인식이 깊어지고 완전해질수록 사랑과 열정은 더욱 강력하고 강건하며 생생해진다."[74] 프랑스 철학자이자 물리학자 블레즈 파스칼Blaise Pascal 또한 '사랑의 진행과 과정에서 처음에는 대상이 **출현**하고, 그다음에는 감각으로 나타나고, 그다음으로 이성이 판

* [옮긴이] 서사극에서 등장인물의 태도를 몸짓으로 보여주는 것을 말한다.

단한다'라고 여겼다.[75] 인식은 일반적으로 생각하는 것처럼 감정적 행위의 억제에서 비롯되는 게 아니다. 오히려 사랑에 의하여 이끌린 주의집중과 세상을 향한 애정이 감각의 인식에서부터 복잡한 사유 이미지에 이르는 인식의 단계를 결정한다. 파스칼은 심지어 '사랑과 이성은 하나다'라고 표현했다.[76] 사랑은 우리의 눈을 멀게 하는 대신, **앞을 보게** 해 준다. 사랑하는 자만이 그 눈을 뜰 수 있다. 사랑은 현실을 왜곡하지 않고, 그것이 가진 **진리**를 드러낸다. 사랑은 시선을 날카롭게 만든다. 사랑이 강할수록 인식은 깊어진다. "우리는 사랑하는 만큼만 인식할 수 있다."[77]

사랑은 기존의 대상을 나의 시선 안으로 들이는 '관심 갖기'에서 한발 더 나아간다. 사랑은 그 대상으로 하여금 온전한 '현존재Dasein[인간에 대한 존재론적 개념]'가 되도록 한다. 『사랑과 인식』에서 셸러는 철학자 아우구스티누스Augustinus가 식물에게 욕망이 있다고 한 것을 언급했다. 그 욕망은 인간이 '특별하고 신비한 방식으로' 바라봐 주길 바라는 욕망으로, 이는 '사랑을 담아 존재를 인식함으로써 마치 구원과 같은 현상이 일어나기를' 바라는 욕망과도 같다.[78] 꽃을 존재의 결핍으로부터 구원하는 것은 다름 아닌 사랑의 시선이다. 사랑은 꽃에 **존재의 충만함**을 부여한다. 꽃은 '인식으로서의 사랑' 안에서 완성된다. 사랑을 담은 시선이 꽃을 구원하는 것이다.

플라톤Plato에게 사랑은 이미 인식의 구성 요소였다. 에로스로서의 사랑은 완전한 인식으로 나아가고자 하는 영혼의 노력이다. 사유하는 행위는 사랑의 행위다. 철학자는 진리를 사랑하는 에로티스트다. 사랑이 이끄는 사유 행위는 최고의 인식 단계인 **아름다움의 이데아**에 대한 황홀한 조망으로 절정에 이른다. 플라톤에 이어 하이데거도 사유 행위를 에로스가 이끄는 움직임으로 설명했다. 에로스는 사유에 영감을 주고, 날개를 달아 준다. "나는 그것을 철학

자 파르메니데스Parmenides가 말한 가장 오랜 신인 에
로스라 하겠다. 내가 사유에서 본질적인 단계를 밟
고 아무도 가지 않은 길로 나아갈 때, 에로스 신의
날갯짓이 나를 스치었다."[79]

　에로스로서의 사유는 철학의 역사에서 반복되
는 주제다. 『Was ist Philosophie?(철학이란 무엇인가?)』에
서 들뢰즈와 펠릭스 가타리Felix Guattari는 사유의 수
행 조건으로 에로스를 꼽았다. 이들에 따르면 철학
자는 친구이자 더 나아가 사랑하는 연인이어야 한
다. **타자와의 생생한 관계**인 에로스는 '사유 자체를 가능
케 하는 조건이자 살아 숨 쉬는 범주이자 초월적 체
험'이다.[80] 사유에는 타자, 어떠한 비교의 대상이 될
수 없는 **비정형적 타자에 대한 욕망**이 내재해 있다.

　에로스 없이는 **동일함의 지옥**에 갇히게 된다. 들뢰
즈는 심오한 질문을 던졌다. "'친구'가 사유하기 위
한 조건이 (…) 된다면 '친구'의 의미는 무엇일까? 연

인, 오히려 연인이 맞지 않는가? 그 친구가 순수 사유에서는 배제되었다고 여겼던 타자와의 생생한 관계를 다시금 사유 속으로 포함하지 않는가?"[81] 인공지능은 **친구**도, **연인**도 없으므로 사유할 수 없다. 인공지능에게 **에로스**는 없다. 인공지능에게는 **타자를 향한 욕망**이 없기 때문이다.

사랑에 의해 이끌린 **본질직관**Wesensschau으로서의 인식은 미래가 아닌 과거를 향해 있다. 헤겔의 『대논리학』에는 이렇게 쓰여 있다. "독일어에서 시간 동사 'sein'은 과거형 'gewesen'에 '본질das Wesen'이라는 단어를 포함하고 있다. 본질은 과거의 존재지만 시간을 초월한 과거의 존재다."[82] 플라톤에게 인식은 이전에 있었던gewesen, 즉 선재先在적 이데아에 대한 재-회상으로 수행된다. **본질직관**에 해당하는 그러한 재회상은 과거에 존재했던 것, 즉 기-존재das Gewesene를 향해 있다. 플라톤이 말하는 에로스는 열려 있는 것, 앞으로 도래할 것으로의 추진을 만들어 내지 않는다. 이 에로스는 과거의 것인 본질을 향해 있다. 하이데거도 인식의 시간성을 '기존성 Gewesenheit'에 두었다. 사유는 '시간을 초월한 과거의 존재'인 **진리**를 향해 나아간다. 존재의 재-회상과 존재의 재-현전화Wiedervergegenwärtigung를 통해, 즉 '존재 추구'로서의 에로스를 통해 궁극적으로 '존재 망각'을 극복해야 하는 것이다.[83] 하이데거에 따르면 사유함은 '기존의 것으로 **돌아가**'[84] '사유 이전 태고의 것'을[85] 향해 가는 것이다. 무엇보다 **이미 항상 있었던 것**을 좇아 따라가는 것이다. **앞으로 도래할 것, 아직 태어나지 않은 것**은 하이데거의 사유에 없다.

사랑뿐 아니라 희망도 자체적인 인식을 만들어 낸다. 그러나 사랑과 달리 희망은 **기존의 것**이 아닌 **앞으로 도래할 것**으로 향해 있다. 희망은 아직 존재하지 않는 것을 **인식**한다. 희망의 시간성은 기존성이 아니라 미래성이다. 희망의 인식은 과거가 아닌 미래를 향한다. 희망은 '가능한 것을 향한 열정'으로[86] 아직 존재하지 않는 것, 아직 태어나지 않은 것에 시선을 맞춘다. 희망은 현실에 미래의 가능성을 열어준다. 이탈리아 철학자이자 신학자 안셀무스 칸투아리엔시스Anselmus Cantuariensis의 '인식을 추구하는 믿음-나는 이해하기 위해 믿는다'라는 유명한 말에 이어, 위르겐 몰트만은 '인식을 추구하는 희망-나는 이해하기 위해 희망한다'라고 말했다.[87] 희망은 큰 대상을 향해 영혼을 확장해 준다. 따라서 희망은 인식의 훌륭한 매체다.

루터는 로마서 강의(1516년)에서 희망으로 유지되는 사유를 성찰했다. "사도使徒는 무릇 사물에 대해 철학자나 형이상학자들과는 다르게 철학하고 사유해야 한다. 철학자는 사물의 현재 모습을 보고 그것의 특성과 '본질성Wesenheit'만을 성찰한다. 그러나 사도는 사물의 현재 모습, 특성과 본질성에서 시선을 떼어 내 미래를 바라본다. 사도는 피조물의 본질 또는 작용, 수동성, 능동성, 움직임에 대해 말하는 대신 (…) '피조물의 고대Expectatio Creaturae'에 대해 말한다."[88] 희망하는 이는 자신의 주의집중을 사물의 본질, 기존성 또는 **현재성**presentiam rerum에 두지 않고 그것이 지닌 **미래, 장래의 가능성**에 둔다. 희망하는 사유는 **파악**이 아닌 **예견** 또는 **예감**으로 이루어진다. 희망은 우리가 구체적인 목표를 세우기 전에 가능성의 영역을 열어 준다. "미래의 예감이여! 미래를 기뻐하라, 과거가 아닌 미래를! 미래의 신화를 써라! 희망 안에서 살아라! 축복받은 순간들이여! 그리고 다시 커튼을 드리우고 생각을 **단단히 고정된, 그다음 목표로 돌려라!**"[89] 희망 없이 우리는 기존의 것 또는 나쁜 눈앞의 것에 갇힌다. 희망만이 새로운 것을 세상에 태어나게 하는 의미 있는 행위를 만들어 낸다.

몰트만은 희망하는 사유는 '미네르바의 부엉이의 밤눈'으로 현실을 보지 않는다고 말했다.[90] '미네르바의 부엉이'는 헤겔의 비유로, 철학이 이미 역사로 굳어진 것만을, 즉 기존의 것만을 인식한다는 점을 가리킨다. "세상을 사유하는 철학은 현실이 형성과 준비를 마친 후에야 비로소 모습을 드러낸다. (⋯) 철학이 그것이 가진 회색을 다시 회색으로 덧칠하기만 한다면 생의 모습은 낡아 버리게 되고, 회색을 그대로 두면 젊어지지 못할 것이며 다만 인식되기만 할 뿐이다. '미네르바의 부엉이'는 황혼이 내릴 무렵에야 비로소 비행을 시작한다."[91] 헤겔은 철학이 **앞으로 도래할 것**을 파악하는 능력이 없다고 말한다. '회색으로 덧입힌 회색'은 '기존의 것'이 지닌 색이다. 철학은 **돌이켜 생각함**Nach-Denken이지 **앞서 생각함**Vor-Denken이 아니다. 그것은 **전망적**이지 않고 **회고적**이다. 이와 반대로 희망의 사유는 **아직 존재하지 않은** 가능성에 초점을 맞추어 현실을 본다. '앞선 사유'로서의 철학은 독일 철학자 카를 루트비히 미헬레트Karl Ludwig Michelet가 헤겔과의 대담에서 반박했듯이 '새로운 태양이 뜨는 아침의 닭 울음소리, 세계의 젊어진 모습을 선언하는 것'이다.[92]

메시아적 희망을 하는 사유에서는 지나간 것도 종결되거나 그 자체의 기존성 안에 갇히지 않는다. 지나간 것 또한 미래를 향하고, 앞으로 도래할 것을 향하며, **전방을 향해 꿈꾼다. 그러나 '본질'은 꿈꾸지 않는다.** 본질은 **기존의 것**으로 끝나며 닫혀 있다. 희망하는 사람은 사물들 속에서 그것의 숨겨져 있는 꿈의 내용을 발견하며, 그것을 **미래의 비밀스러운 징후**로 해석한다. 이미 지나간 것도 꿈꾸는 사람의 시선으로 바라본다. 각성은 그의 의식을 변화시킨다. "실제로 각성은 회상의 좋은 사례다. 가장 가까운, 가장 평범한 그리고 가장 당연한 것들을 회상하는 데 성공한 사례다. 프랑스 작가 마르셀 프루스트Marcel Proust는 아침에 반쯤 잠든 상태에서 가구를 실험적으로 옮겨 보는 것에 대해 말한 바 있는데, 블로흐는 이것을 '살아 있는 순간의 어둠'이라고 묘사했다. 이는 기존의 것 중에서 아직 의식하지 못한 지식이 존재하며, 그러한 지식은 역사적 차원에서 집단적으로 확보되어야 한다는 것이다. 이 지식을 촉진하는 과정은 각성의 구조를 지니고 있다."[93] 꿈은 인식의 도구다. 벤야민은 **희망의 비밀스러운 언어**를 이끌어 내기 위해 사물들을 깊은 꿈의 층에 보낸다. 과거의 사물이 지니는 의미는 과거 **존재했던** 그 장소와 그 자리에서 소멸하지 않는다. 그 의미는 꿈을 꾸며, 즉 희망하며 그 역사의 울타리를 뛰어넘는다. 19세기 파리 파사주 Pariser Passagen는 산업 생산물과 자본주의에서 비롯되기는 하였으나 그 내부의 자본주의적, 산업적 질서 안에서 해결되지 못한 것을 내포하고 있다. "모든 시대는 꿈을 향한 이러한 측면, 즉 어린아이 같은 면을 가지고 있다."[94]

벤야민이 말하는 사유는 '역사의 엄청난 힘'을 열어 내는 힘으로, '고전적으로 역사를 서술할 때 등장하는 '옛날 옛적에' 속에 잠들어 있는 힘이다.'[95] 사물들의 꿈과 희망 속에서 벤야민은 '**꿈 해석자**'가 되어 사물들이 '모순된 연결'을 맺고 '불특정한 관계'를 드러내는, '특별히 비밀스러운 유사성의 세계'

를 관찰한다.[96] 벤야민은 이 점에서 프루스트와 유사하다. 프루스트에게 있어서 꿈은 사물의 이면에 존재하는 진정한 내면세계를 드러낸다. 꿈꾸는 이는 '존재des Sein'의 더 깊은 층위로 들어가며, 그 층위에서는 생이 끊임없이 '존재사건Ereignis'[*] 사이에서 새로운 실을 뽑아내 조밀한 관계의 직물을 짜 낸다. 진리는 놀라운 마주침을 만들어 낸다. 이 진리는 꿈꾸는 이가 '서로 다른 두 대상을 취해 그 둘 사이의 연결을 만들어 내거나' 또는 '생이 으레 그러하듯이 두 감각 사이에서 무언가 공통적인 것을 나타내 공통의 정수Essenz를 열어 내는' 순간에 발생한다.[97]

꿈과 잠은 진리가 선호하는 장소다. 꿈과 잠은 깨어 있는 상태의 특징인 날카로운 분리와 경계를 없애기 때문이다. 프루스트에 따르면, 사물들은 '무의식이 펼치는 생동감 넘치고 창조적인 잠(우리를 배

---

[*] [옮긴이] 철학에서 말하는 '존재사건' 또는 '생기(生起)'로, 세계 내부에서 인간과 존재하는 존재자들이 자신의 존재를 고유화하여 드러내는 것을 말한다. 이를 통해 인간과 존재자는 고유함을 갖게 되며 인간은 현존재로서의 인간이 된다.

회하기만 하던 사물들이 깊이 새겨지고, 잠들어 있던 손들이 그 이전에는 헛되이 찾아다니던 결정적인 열쇠를 찾아 쥐는 잠)' 안에서 비로소 자신들의 진리를 드러낸다.[98] 꿈을 키우는 것은 희망이다. **사물들은 꿈 안에서 희망한다.** 또는 희망하기 때문에 꿈꾼다. 희망은 그들을 그들의 역사의 감옥에서 구원한다. 희망은 그들에게 가능한 것, 새로운 것, 앞으로 도래할 것, 아직 태어나지 않은 것을 보여 주기 때문이다. 그렇게 희망은 그들을 **미래**로 구출시킨다. 희망은 그들을 더 깊은 진리로 이끌어 줌으로써 사물들이 역사의 시간 안에서 굳어지고 딱지 앉아 마비된 상태를 깨고 나오도록 한다. 희망은 꿈과 함께 메시아적 시간 안에 존재한다.

독일 철학자 테오도어 아도르노Theodor Adorno 도 희망을 **진리의 매개체**로 여겼다. 희망하는 사유에서 진리는 이미 존재한 것으로서 사후에 밝혀내는 것이 아니라 **잘못된 것, 눈앞에 존재하는 나쁜 것**에 맞서 **획득**되는 것이다. 진리는 기존성이 아니라 미래성에 자리 잡고 있다. 진리에는 유토피아적, 메시아적 핵심이 내재해 있다. 진리는 잘못 인식된 현존재로부터 우리를 이끌어 낸다. "현실을 부정함으로써 있는 힘껏 그 현실을 벗어나는 희망이 결국 진리가 나타나는 유일한 형태다. 희망이 없었다면 진리의 이데아는 생각할 수 없었을 것이며, 그저 한 번 인식되었다는 이유로 잘못 인식된 현존재를 진리라고 오인하는 것은 심각한 착오다."[99]

아도르노가 『미니마 모랄리아』에서 말했듯이 '예술이란 거짓에서 자유로워져 진리가 되는 마법'이다.[100] '성스러운 것을 일상적인 것으로부터 분리해 순수하게 유지하기를 명령'하는 마법의 '후예'로서[101] 이들은 현존하는 것의 로직에서 벗어나 '자기 자신만의 고유한 법칙의 영역'에 속한다. 그렇기 때문에 예술은 '다를 권리'를 고수한다. 이를 통해 예술은 더 높은 '**예감으로서의 진리**'가 번뜩이는 **가능성의 공간**을 열어 준다. **희망도 마법과 같은 어떠한 성질을 가지**

고 있다. 희망은 현존하는 것의 로직을 신경 쓰지 않는다. 희망은 모든 것이 완전히 다르게 흘러갈 수 있다는 믿음으로 유지된다. 희망의 매개체로서의 아름다움은 세속적인 목적합리성을 뛰어넘어 존재하며, 현존하는 것 너머에 있는 **가능성의 세계**를 드러내 준다. "아름다움의 (…) 마법에서는 (…) 모든 힘의 외견이 (…) 희망으로 반영되어 나타난다. 그것은 모든 힘겨루기에서 벗어나 있다. 완전한 무목적성은 지배의 세계에서 합목적적인 것의 총체를 부정한다. 오늘날까지도 오직 그러한 부정을 통해서만 (…) 기존 사회는 가능한 것을 인식할 수 있게 된다."[102]

블로흐도 기존의 것을 좇아 날아다니는 '미네르바의 부엉이'를 부정적으로 말했다. "플라톤의 『메논』에서 말한 것처럼 모든 지식은 그저 **아남네시스** Anamnesis, 즉 영혼이 탄생 이전에 이데아의 세계, 본질의 세계에서 드러난 것을 재회상하는 것에 불과하다. (…) 그리고 이 아남네시스의 명령으로 참된

존재ontos on, 본질-존재Wesens-Sein에 선행하는 존재가 '기-존재Gewesen-Sein'로 간주되었다. 따라서 '본질Wesen'은 '기-존재성Ge-wesenheit'이다. 이러한 명령은 헤겔로까지 이어지며, 이는 그가 말한 황혼이 내리는 미네르바에서 지식을 오직 이미 형성된 것에만 연결 짓고, 아직 열리지 않은 '아직 아님'을 부정하고, 미지의 가능성을 거부하는 데서 정점을 이룬다."[103] 미네르바의 부엉이는 본질의 로직을 벗어나 **새로운 것이 동트는 광채**를 볼 눈이 멀어 있다. 희망의 사유는 인식의 초점을 미래로, '기존의 것'에서 '앞으로 도래할 것'으로 옮기며, 본질의 시간성을 나타내는 **항상 이미**Immer-Schon에 **아직 아님**을 대비시킨다.

블로흐는 회색에 희망의 색인 파란색을 대비시켰다. "먼 색인 파란색은 현실에서 찾아볼 수 있는 미래적인 것과 아직 무엇이 되지 않은 것을 상징적으로 나타낸다."[104] 괴테는 파란색을 '끌어당김이 있는 무無'로 정의했다. 파란색은 우리를 매혹하고 갈망을 일깨우는 '아직 아님'이다. 파란색은 우리를 먼 곳으로 끌어당긴다. 괴테는 이렇게 말했다. "우리가 높은 하늘, 먼 산을 파랗다고 보는 것처럼 파란 면은 우리 눈앞에서 뒤로 물러나는 것처럼 보인다. 눈앞에서 멀어지는 어떤 호감 가는 대상을 우리가 기꺼이 좇는 것처럼 우리는 파란색이 우리에게 다가오기 때문이 아니라 우리를 자기 쪽으로 끌어당기기 때문에 이 색을 바라보는 걸 좋아한다."[105] 그러나 오늘날과 같이 희망이 없는 공동체는 회색으로 덮여 있다. **먼 것**이 없다.

　희망의 정신을 지닌 우리는 '지나간 것' 안에서도 '앞으로 도래할 것'을 발견한다. 진정으로 새로운 것이자 **다른 것**인 '앞으로 도래할 것'은 **'지나간 것'이 꾸는 낮의 꿈**이다. 희망의 정신 없이는 동일성 안에 갇히게 된다. 희망의 정신은 '지나간 것' 안에서 '앞으로 도래할 것'의 **흔적**을 좇아 나아간다. 그렇게 과거는 벤야민이 훌륭하게 표현했듯이 구원을 암시하는 '은

밀한 지표를 지니고 있다.'[106]

　나는 나 자신을 제대로 인식하지 못한다. 우리
의 정신 속 의식의 영역은 매우 좁다. 그 좁은 영역
은 넓고 어두운 가장자리로 둘러싸여 있다. 인지된
것은 이미 나의 행위를 결정했음에도 불구하고 여
전히 무의식에 머물러 있을 수 있다. 인식은 명확한
의식뿐 아니라 반의식에도 자리한다. 희망만이 할
수 있는 인식은 아직 파악되지 않은 인식에 해당한
다. 따라서 의식의 차원, 의식을 마친 차원으로 넘어
가지 않은 상태다. 이러한 인식의 존재 양태는 '아직
의식되지 않은 것'이다. 이런 인식은 미래에서 온다.
"아직 의식되지 않은 것은 앞으로 도래할 일에 대한
사전 의식이자 심리 층위에서 새로운 것이 탄생하는
지점이다. 또한 무엇보다 아직 명백해지지는 않은,
미래에서 비로소 동트듯 밝아 오는 의식을 내용으로
지니고 있기 때문에 전의식 상태로 남아 있다."[107]

인공지능에게 에로스는 없다.
인공지능에게는 타자를 향한 욕망이 없기 때문이다.

블로흐는 '아직 의식되지 않은 것'을 정신분석에서 말하는 '무의식'과 엄격히 구분한다. 무의식은 과거에서 몰아 내어진 존재사건을 말한다. 무의식의 공간에서는 **'새로운 것'이 전혀 발생하지 않는다.** 무의식은 '새로운 내용이 새로이 동트듯 밝아 오는 의식이 아니다. 오래된 내용을 품고 있는 낡은 의식이다.'[108] 여기에는 앞으로 도래할 것의 광채가 없다. 역행이 무의식을 낳는다. 낯설고 두려운 과거가 침전하여 현재를 괴롭히고 미래를 막아선다. 정신 분석에서도 인식에 초점을 맞출 수는 있지만, 이때의 인식은 오직 지나간 것만을 비춘다. 그러나 역행이 아닌 순행이 아직 의식되지 않은 것, 앞으로 도래할 것, 아직 태어나지 않은 것에 접근하는 것을 가능하게 만들어 준다. 그것은 예감, 직감, 또는 다채로운 빛의 반짝임으로 가득 차 있다. 밤의 꿈은 무의식을 바탕으로 만들어진다. 반면에 낮의 꿈은 아직 의식되지 않은 것을 바탕으로 만들어진다. 블로흐에 따르면 희망하는 이는 '지하실의 냄새가 아닌 아침 공기'를 맡는다.[109]

아직 의식되지 않은 것은 '시간 속에서 그리고 그 시간이 속한 세계에서, 세계의 최전방에서 아직 무엇이 되지 않은 것이 지닌 심리적 표상'이다.[110] 그것은 '새로움의 현상Phänomen des Novum'이다. 희망은 새로운 것을 만들어 내는 데 크게 기여한다.

희망이 **다른 어딘가에서** 온다는 건 이미 언급한 바 있다. 희망이 지닌 이러한 **초월성**은 희망을 **믿음**에 연결한다. 그러나 블로흐는 희망을 **의지가 지닌 내재적 특성**에 종속시킴으로써 모든 초월성을 박탈했다. "의식적인 희망에는 나약함이 없으며 그 안에 의지가 있다. 그것은 그래야만 하고, 그렇게 되어야만 한다. 그 안에서 소원과 의지의 강렬한 움직임이 분출된다 (…). 곧게 뻗은 자세와 이미 무엇이 된 존재에 굴하지 않는 의지가 전제된다. 이 강직함이 희망의 보호처다."[111] 블로흐가 말하는 희망은 견고하고 저항적이다. 거기에는 관조적 차원이 없다. 그러나 희망은 꼿꼿이 서 있지 않다. 곧게 뻗은 자세는 희망의 기본 자세가 아니다. 희망은 **앞으로 몸을 굽혀, 듣고 경청하려 한다**. 의지와 달리, 희망은 무언가에 저항하고자 하는 게 아니다. 희망은 우리를 **지탱**해 주는 날갯짓이다.

희망이 지닌 관조적 차원 때문에 아렌트가 말한 **실천적 삶**의 우위는 필연적으로 희망의 '소외Marginalisierung'로 이어진다. 블로흐도 희망을 주로 활동적인 것으로 이해했다. 그가 말하는 희망은 프로메테우스적인 의지에서 생기를 얻는다. 블로흐는 성서의 욥을 **희망의 모반자**로 묘사했다. 욥은 고통스러운 부당함 속에서 신에게 반발했다. 블로흐는 욥이 신의 정당성을 더 이상 믿지 않게 되었다고 보았다. 신은 '호전적 낙관주의'로 대체되었다. "성서에서 욥은 (…) 종교적 측면에서 인간이 신보다 더 선할 수도 있고 더 잘 처신할 수도 있을 거라는 가치의 전복, 유토피아적 할 수 있음의 발견을 시작한다."[112]

그러나 희망은 블로흐가 말한 '호전적 낙관주

의'와는 근본적으로 다르다. 절대적 절망 속에서도 나를 다시 **일으켜 세우는** 것이 바로 희망이다. 희망하는 이는 희망하지 않았더라면 인식조차 할 수 없었을 새로운 것, 새로운 가능성을 **민감하게** 알아차린다. 희망의 정신은 의지의 내재적 성찰을 넘어서는 가능성의 영역에 자리한다. 예측은 희망을 불필요하게 만든다. 희망하는 이는 예측 불가능한 것, 모든 경우의 수에서 벗어난 가능성을 고려한다.

삶의 형태로서의 희망

희망은 불안과 정반대지만 구조적으로는 유사하다. 구체적인 '무엇에 대해'가 있는 두려움과 달리, 불안은 그 대상이 없기 때문이다. 불안은 '무엇에 대한' 불안인지가 매우 불명확하다. 불안은 '세계 내 존재In-der-Welt-sein'와 관련된 문제다. 따라서 불안의 불확실성이 불안의 강도를 결정한다. '희망 그 자체로서의 희망spes qua' 역시 구체적인 표상을 가지고 있지 않다. 그러나 희망은 우리의 존재를 근본적으로 규정한다. 따라서 불안과 마찬가지로 희망도 근본적인 존재의 방식, 즉 **실존적인 것**으로 이해할 수 있다.

'기분'은 하이데거의 『존재와 시간』의 핵심적인 개념이다. 우리가 **거기에 있을 때**da sein, 이 일차적인 '거기da'는 인식이나 객관적 지각을 통해서가 아니라 기분을 통해 느껴진다. "기분은 세계 내 존재를 전체로서 열어 내고 (…) 방향을 고정해 주목하는 것을 가능케 한다."[113] 우리는 무언가에 주의를 집중하기 전에 이미 기분으로 그것을 **느낀다**. 기분은 특정 대상에 대해 사후적으로 영향을 미치는 주관적인 상태가 아니다. 오히려 선–반성적prärereflexiv 층위에서 우리에게 세계를 드러내 준다. 우리는 의식된 지각이 일어나기도 전에 기분 속에서 세상을 경험한다. 기분은 선–반성적 층위에서 '거기'의 느낌에 접근하도록 한다. 기분에 의해 드러난 '거기'는 세계 내 존재의 **바탕을 이루고** 사유를 규정be-stimmt한다. '거기에 있음Da-Sein'은 곧 '기분이 주어져 있음Gestimmt-Sein'인 것이다. 우리는 지각 행위 중에 어떤 것을 **발견하기** 이전에 항상 어떠한 기분 속에 **처해 있다**befinden. 기분이 수반된 **처해 있기**Sich-Befinden는 **눈앞에서 발견하기**Vorfinden에 선행한다. 우리는 **항상 그리고 이미**immer und schon 기분 속에 던져져 있다. 따라서 세계 내 존재를 근본적으로 드러내는 것은 인식이 아니라 기분이다.

『존재와 시간』에서 불안은 근본기분으로 자리잡고 있다. 하이데거는 현존재의 실존적 분석을 위해 현존재의 존재를 '가장 광범위하게 그리고 근본적으로' 드러내는 기분을 찾아야 한다고 주장했다. 하이데거에 따르면 그 기분은 불안이다. 그는 "방법론적 요구 사항을 충족시키는 어떠한 기분에 '처해 있음'의 상태인 **불안** 현상을 분석의 기초로 삼았다."[114] 그렇다면 불안이 현존재의 실존적 분석에 있어 '방법론적 요구 사항'을 얼마나 충족하는가? 하이데거는 간략하게 이렇게 말한다. "불안은 인간을 고립시키므로, 불안 속에서 비로소 무언가가 특별한 방식으로 드러날 가능성이 있다."[115]

다른 기분에 비해 불안이라는 기분의 존재론적 우선순위는 현실에서 일어나는 '방법론적' 결정이 아닌 **실존적** 결정에 있다. 불안뿐 아니라 다른 긍정적인 기분도 불안이 드러내고 조명하는 너비와 깊이만큼 인간의 실존을 드러내고 조명한다. 예컨대 우리가 기쁨을 느낄 때, 세상은 우리가 불안이나 무료와 같은 부정적인 기분일 때와는 완전히 다르게 보인다. 하이데거는 불안의 기분을 우선시함으로써 고립을 인간 실존의 본질적 특성으로 삼았다. 하이데거는 인간의 실존이 '공존재共存在, Mitsein'가 아닌, '자기-존재Selbst-Sein'에 있다고 보았다.

하이데거에 따르면 불안은 우리가 의구심 없이 머무르는 익숙하고 일상적인 지각 및 행위 패턴의 뼈대가 무너져 내려서 '집 안이 아닌 상태Un-zuhause'가 되었을 때 발생한다. 불안은 현존재를 '일상적 공공성'으로부터 '공공성의 피-해석성Ausgelegtheit'으로 찢어 내 분리한다.[116] 일상적인 것에서 세계는 순응적으로 해석되곤 한다. 모든 사람이 이미 자리 잡고 있는 지각 형식과 판단 형식에 의구심 없이 따른다. '세인世人, das Man'은 이러한 순응적 행위를 체화한 사람이다. 체화된 것들은 우리가 행위하고, 지각하고, 판단하고, 느끼고, 사유하는 방식을 결정한다. "우리는 사람들이 즐기는 대로 즐기고, 사람들이 보고 판단하는 대로 문학과 예술을 읽고, 보고, 판단하며 (…) 사람들이 분개하는 것에 분개한다."[117] 세인은 현존재를 가장 고유한 '존재할 수 있음Seinkönnen'으로부터 소외시킨다. "이 평온한 모든 것과의 모든 자기-비교 속에서 현존재는 소외로 이끌리며, 그 소외 안에서 자신의 고유한 '존재할 수 있음'은 감추어진다."[118] 불안에 처해 있을 때, 현존재가 비로소 세인에 맞서 자신의 가장 고유한 '자기das Selbst'를 붙잡고 자신의 가장 고유한 '존재할 수 있음'을 실현할 가능성이 열린다는 것이 바로 『존재와 시간』의 핵심이다. 불안이 비로소 그러한 소외 관계를 종결짓는다. 불안 속에서 현존재는 종국에 **자기 자신**sich selbst을 발견한다. "낯섦 속에서 현존재는 근본적으로 자기 자신과 함께하게 된다."[119]

불안은 자기를 잃어버린 채로 하루하루를 살아가는 '세인의 일상적 공공성'으로부터 현존재를 해방해 자기 자신으로 고립시킨다. "'세계'는 더 이상 아무것도 제공할 수 없고, 다른 사람들과의 공존재도 마찬가지로 아무것도 제공할 수 없다. 불안은 '세계'와 대중의 피-해석성을 기반으로 '자기'를 이해할 수 있는 가능성을 현존재에게서 빼앗는다. 불안은 현존재가 불안해하는 것, 즉 '세계 내에 존재할 수 있음In-der-Welt-sein-können'의 문제로 현존재를 되돌려보낸다."[120] 이러한 불안 속에서 현존재는 익숙한 '집 안에 있음Zuhause'을 잃어버리고, 이해와 의미의 일상적 지평이던 '공공성의 집 안에 있음Zuhause der Öffentlichkeit'을 잃는다.

불안은 일상세계가 서 있는 바닥이 무너질 때 생긴다. 불안 속에서 비로소 심연이 모습을 드러낸다. 그런데 이 심연 위로 나의 세계를 어떻게 다시 세워 낼 수 있을까? 현존재가 일상성으로 돌아가지 않은 채로 다시 행위하는 것이 어떻게 가능할까? 일상세계의 붕괴 후에 현존재는 어디로 향해야 할까? 무엇이 현존재에게 지탱할 곳을 제공할까? 하이데거는 '가장 고유한 자기', 그리고 가장 고유한 '자기로 있을 수 있음Selbstseinkönnen', '자기-지속성Selbstständigkeit'을 반복적으로 강조했다. 가장 고유한 자기에 대한 '결단'만으로 현존재가 보호받지도, 지지받지도 못하는 심연 속에서 '서는 것'이 가능할까.[121] **심연 속에서 서 있는 것**이 '가장 고유한 자기', '자기-지속성'에 대한 결단만으로 가능한가? 하이데거는 '자기'가 가진 내재적 특성을 고수했다. 현존재에게 방향성과 지지할 곳을 제공해 줄 초월적인 무언가는 없다고 말한다. 현존재는 '가장 고유한 자기'를 붙잡을 것을 요구하는, 자기 내면에서 들려오는 '부름'을 따른다. '가장 고유한 자기'를 붙잡는 것은 하이데거에게 있어 이미 하나의 행위, 즉 **자기 내부에서 일어나는 행위**다.[122] 이러한 '자기 내부에서 행위함'은 순수한 행위고, **스스로 약동하는 또는 스스로의 의지로 하고자 하는** 것과

같은 행위이며, 그러면서도 자신의 세계 내 존재하는
나쁜 존재사건과는 관련 없이 수행하는 행위다.

　불안해하는 현존재는 자신의 세계 내 행위의 기
준을 무엇으로 삼는가? 일상세계에서 공공성의 피-
해석성은 이미 붕괴했다고 봐야 한다. 그렇다면 현
존재는 자신의 '자기-지속성'에서 나와, 새로운 그
리고 근본적으로 세인의 '아무것도 아닌 것'과는 차
이가 있는 완전히 다른 '존재가능성Seinsmöglichkeit'을
붙잡을 수 있을까? 그러나 현존재는 자신의 고립됨
으로부터 스스로 완전히 자유로울 수 없다. 이미 기
분에 의해 규정된be-stimmte 존재가능성에 내던져졌
기 때문이다. 그의 '내던져짐'은 그에게 존재가능성
의 자유로운 기투를 허용하지 않는다. '가장 고유한
존재할 수 있음'을 향한 결단에서 현존재에게 **새로운
것, 완전히 다른 것은** 열리지 않는다. "그러한 결단 속에
서 현존재에게 중요한 것은 가장 고유한 '존재할 수

있음'이지만, 이는 다만 피투자被投者, das Geworfene*로서 **이미 규정되어 있는 현사실적**faktisch 가능성에 한해서 스스로를 기투할 수 있는 것을 말한다."[123]

현존재는 자신의 이러한 고립 속에서 세인의 '아무것도 아닌' 존재가능성에서는 자유로울 수 있더라도, 여전히 **항상 이미 규정되어 있는** 가능성 안에 던져져 있는 셈이다. "현존재는 그 본질상 항상 이미 기분으로 규정된 가능성에 처해 있는 상태다 (…)."[124] 현존재는 기존에 **존재하지 않았고 앞으로 도래할** 존재가능성으로의 접근성을 지니고 있지 않다. 현존재는 내던져짐이 지닌 시간성으로서의 '**기존성**'을 넘어설 수 없다. 'Avenir'로서의 미래는 '불안해하는' 현존재에게는 닫혀 있다.

불안은 **가능성의 영역**을 단적으로 축소해 '새로운 것', '아직 존재하지 않는 것'으로 접근하는 일을 막는다.

---

* [옮긴이] 세상에 던져진(피투된) 존재라는 뜻이다.

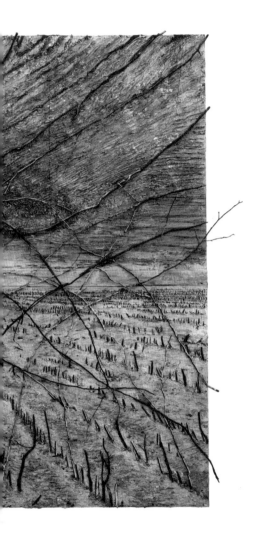

'세계로 나아감',
즉 탄생이 희망의 기본공식이다.

이것만으로도 불안은 '**가능한 것**'을 향한 **의미**를 강화하고 '**새로운 것**', '**완전히 다른 것**'을 향한 **열정**을 자극하는 희망과 반대된다. 불안 대신 희망을 그 근간으로 삼는다면 현존재 분석은 완전히 달리 파악된 실존에 대한 분석, 더 나아가 **다른 세계**로 이어지는 분석이 될 것이다.

현존재를 고립시키는 불안의 경향성으로 인해 불안은 능동적으로 행위하는 '우리'를 만들어 내지 못한다. 하이데거는 공존재를 '자기-존재'와 고립으로 설명한다. 타인과의 진정한 관계를 말하는 소위 '진정한 배려'는 우정, 사랑 또는 연대로 표현되지 않는다. 오히려 타인이 선 자리에서 철저하게 고립되어 '자기'를 붙잡도록 촉구하는 것을 의미한다. 각자 고립된 사람들이 모여 있다고 해서 공동체가 만들어지는 건 아니다. 따라서 이러한 '진정한 배려'는 **공동체화**에 반대로 작용하여, **사회적 응집**을 약화한다.

하이데거는 타인에게 사랑과 애정을 기울이고

그를 위해 **헌신적으로** 마음을 쓰는 배려, 즉 '**사랑하는 배려**'에 대해 말하고 있지 않다. 하이데거는 '진정한 배려'를 설명하기 위해 타인을 지배하거나 종속하려는 목적을 지닌 '비-진정한 배려'의 형태를 대조한다. "비-진정한 배려는 타인에게 '마음 쓰는 것', 말하자면 '돌봄' 안에서 그의 자리를 **대신함으로써 도와주는 것**이다. 이러한 배려는 타인이 스스로 해야 할 돌봄을 대신해 버린다. (…) 이러한 배려 안에서 타인은 의존적이고 종속적으로 변할 수 있으며, 이러한 지배는 말 없는 지배이고, 지배된 이가 알아차릴 수 없을 가능성이 크다."[125] 타인을 '대신함으로써 돕는', '돌보아 주는' 배려는 '비-진정한' 배려다. 이러한 배려는 타인을 '의존적인 자', '종속된 자'로 만든다. 그러나 누가 타인의 배려로 자기가 종속되기를 바라겠는가? 그러나 마찬가지로 타인에게 끊임없이 스스로를 종속되거나 지배되도록 두지 말고 당신의 '자기'를 붙잡으라고 촉구하는 모든 '진정한' 배려는 사람들이 배려라고 생각하지 못한다.

하이데거에 따르면 **의미와 방향을 제공하는** 존재의 붕괴는 불안으로 나타나며, 이러한 불안은 오로지 '자기' 자신에 의해서만 수용될 수 있다. '자기'에서 '타인'으로 초월하는 존재 형태는 여기서 무시된다. 모든 것은 '자기'를 향하게 된다. 가브리엘 마르셀이 말한 희망의 공식인 '나는 우리를 위해 너를 희망한다'는 하이데거가 말하는 현존재의 실존적 분석에는 없다.

희망은 '자기' 안에서 힘을 만들지 않는다. 희망의 중심이 '자기'에 있지 않기 때문이다. 희망하는 이는 **타인**을 향해 나아간다. 희망하는 이는 '자기'를 **넘어서는 일**을 신뢰한다. 따라서 희망은 **믿음**에 가깝다. 절대적인 절망 앞에서도 나를 세우고 **심연 속에서 서 있을** 힘을 주는 것은 **초월성을 지닌 타자의 존재**다. 희망하는 이는 **자기 자신의 힘으로 서 있는 것**이 아니다. 하벨은 이러한 이유로 희망이 그것의 근본을 초월적인 것에 두고 있다고, 즉 희망이 **먼 것에서 온다**고 생각했다.

기분의 특징은 느낌이나 정서와 달리 **특정한 것**을 의도하지 않는다는 점이다. 희망하는 이는 무언가 구체적인 것을 목표로 삼을 필요가 없다. 반면에 소원이나 기대는 구체적인 대상과 관련되어 있다. 그래서 '**희망하는 인간**'은 성립 가능한 말이지만 '기대하는 인간'이나 '소원하는 인간'은 기대나 소원이 기분을 지니지 않는다는 점에서, 그러니까 '**존재상태** Seinszustand'를 지니지 않는다는 점에서 그 의미상 성립되지 않는다.

블로흐는 희망을 정서의 일종으로 이해했고, 그래서 하이데거에 반대하며 '기분'을 격하시켰다. 그는 정서와 구별 가능한 드러냄이라는 독특한 성격을 기분에 부여했다. 기분은 세계 내 존재를 규정함으로써 '존재'를 드러낸다. 기분과 반대로 정서는 그 안에 세계 내 존재를 포함하지 않는다. 반대로 기분은 대상과 관련된 모든 지각의 **바탕**이 되기 때문에 그러한 지각에 선행한다.

블로흐는 기분의 기본 성격으로 '대략적인 것'을 말한다. "전체적으로 퍼져 있어 보이는 것이 기분의 본질이다. 기분은 지배적이고 압도적인 특정한 정서로 구성되는 것이 아니라 아직 표출되지 않은 수많은 정동적 느낌들의 광범위한 혼합으로 구성된다. 이러한 점은 기분의 본질을 색이 금세 휙휙 바뀌는 것으로 만든다. 즉, 기분을 곡이 시작되기 전 밀도 없이 뒤섞인 채 집약되어 들려오는 소리보다도 더욱 인상주의적인 경험적 현실처럼, 마치 인상주의 작곡가 드뷔시Debussy와 문학가 야콥센Jacobsen의 작품처럼 쉽게 분출되고 그 형상이 없게 만드는 것이다. 하이데거도 이러한 인상주의적 면에서의 '대략적 측면'을 묘사했다. (…) 그는 단조롭고 정체되어 있는 묘사에 그쳤다."126 그러나 기분은 정서와는 완전히 다른 지향성을 갖는다. 기분은 특정한 대상이나 상대를 향해 있지 않으므로 '퍼져 있는' 듯해 보일 수 있다. 앞서서 모든 지각을 규정하는, 특정 대상이 없는 이러한 기분의 지향성이 바로 기분을 퍼져 있는 것처럼 보이게 만든다. 그러나 실제 기분은 항상 규정적이다. 블로흐의 가정과 달리, 기분은 형태를 잃은 상태가 아니다. 오히려 형태를 부여한다. 근본기분으로서 기분은 세계 내 존재의 기본 형태를 구성한다. 기분은 결코 '인상주의적 체험 현실'이 아니다. 기분은 체험보다도 앞선다. 체험은 기분이 존재한 **이후**에 발생한다. 블로흐는 바로 이러한 기분의 **선행성**을 알지 못했다.

기분은 어떤 것이 나타나기 **이전에** 세계를 **그 자체로** 열어 낸다. 기분은 지각의 전장前場, Vor-Feld에 있다. 기분은 정서보다도 **앞에 위치**한다. 따라서 기분은 모든 '지배적-압도적 정서'보다도 더욱 규정적이고 특정적이다. 어떤 것을 통제하거나 압도하지는 않은 채로 **지배**한다. 이 점이 바로 정서와 대비되는 기분의 **존재론적 우위**를 만든다.

근본기분으로서의 희망은 세계 내 사건과 연관

되어 있지 않다. 희망은 일의 결과와는 무관하다. 희망을 정서의 일종으로 이해하면 희망이 지닌 기분과 관련된 특성과 현존재 전체에 스며들어 있는 **중대함**이 모두 상실된다. 희망과 달리 기대와 소원은 어떤 대상이나 세계 내 사건과 연관되어 있다. 반면에 희망은 **열려 있으며, 열린 곳을 향해** 있다.

믿음도 서로 다른 두 방향이 있다. **믿는 행위로서의 믿음**fides qua creditur은 믿음의 기본 태도다. 우리는 이 믿음을 지닌 사람들에 대해 의미 있는 이야기를 할 수 있다. 기본 태도로서 이러한 믿음은 구체적인 믿음의 대상과는 관련 없다. 반면에 **믿는 대상을 믿는 믿음** fides quae creditur은 믿음의 대상이 중요하다.

희망 그 자체로서의 희망은 희망하는 대상이 있는 희망spes quae과 달리 세계 내 존재사건을 초월한다. 이러한 희망은 **정신의 상태** 그 자체로, 지향하는 대상이 없기 때문에 강도와 깊이를 지니게 된다. 가브리엘 마르

셸은 '희망은 그것이 지닌 고유한 **상승 동력**nisus 덕분에 처음에는 마치 특정한 대상에 얽매여 있는 것처럼 보이지만, 결국은 그걸 초월하려는 필연적인 열망을 갖게 된다'라고 말했다.[127]

하이데거의 '현존재'는 '내던져짐'이라는 특성으로 인해 결코 **스스로 존재의 주인**이 되지 못한다. 현존재는 본인의 존재를 온전히 자기 것으로 만들 수 없다. 피투성이 현존재의 자유를 제한하기 때문이다. "현존재는 던져서 존재하는 것이지, 스스로 존재하게 된 것이 아니다."[128] 현존재가 본인의 존재 이유를 스스로 정하지 **않았다**는 사실이 그의 피투성을 입증한다. "이 '**않았음**'이 내던져짐의 실존적 의미에 해당한다."[129] 그리고 이 피투성은 **무거움**이나 **부담**으로 나타난다. 하이데거에 따르면 기분이 고양됐을 때조차 실존의 부담스러운 성격이 역설적으로 드러난다. "고양된 기분이 존재의 부담을 덜어 줄 수는 있다. 그러나 고양된 기분은 이러한 현존재의 부담을, 비록 덜어진 정도이기는 하더라도 결국 역설적으로 드러낸다."[130] 현존재는 실존적 부담을 벗어던질 수 없다. 아무것도 현존재를 그것이 지닌 부담으로부터 자유롭게 해 줄 수 없다.

『존재와 시간』에서는 '일상성'에 반대되는 **축제성**Festlichkeit이 등장하지 않는다. 일상성이 없다면 남는 것은 오로지 **불안**이다. 축제성은 일상성에 정반대되는 개념이다. 하이데거가 말한 '현존재'는 쉬지 않고 **일한다**. 그러한 현존재의 세계, 그의 환경은 궁극적으로 **작업장**이다. **노동이 아닌 활동**으로서의 **축제**를 현존재는 알지 못한다. 축제의 느낌이란 하이데거가 현존재의 본질적 특성으로 삼은 '마음 쓰는 것'이 사라져 버리는 기분, 즉 말하자면 '고양된 기분'이다. **축제**에서는 **근심 걱정이 사라진다**.

『존재와 시간』의 한 구절에서 하이데거는 희망을 간략하게 언급한다. "'앞으로 다가올 악'과 관련된 두려움과 달리, 희망은 '앞으로 다가올 선'에 대한 기대가 특징이다. 그러나 현상의 구조에 결정적인 것은 희망이 **향하는** 대상의 '미래적' 성격이 아니라, 오히려 **희망하는 행위 그 자체**가 지닌 '실존적' 의미다. 여기서도 기분과 관련된 성격은 주로 **자신을 위하여 희망함**Für-sich-erhoffen으로서의 희망하는 행위에서 나타난다. 희망하는 이는 자기 자신을 희망 안으로 끌고 들어가며 스스로를 희망하는 대상으로 만든다. 그러나 이는 '스스로를 이미 얻은 상태Sich-gewonnen-haben'를 전제한다. 희망이 무거운 불안감을 안고 있는 우리를 **가볍게** 만들어 준다는 사실은 인간이 처한 상태가 '이미 존재함Gewesen-sein'의 양태로서 부담을 짊어지고 있다는 점을 말해 줄 뿐이다."[131] 이 지점에서 하이데거는 희망의 현상을 왜곡해 현존재에 대한 실존적 분석에 끼워 맞췄다. 그는 일단 희망을 '자신을 위하여 희망함'의 범주로 축소했다. 그러나 희망은 '자기'를 중심으로 순환하는 것이 아니다. '자기 자신이 됨'은 희망이 지닌 기본 특성이 아니다. 희망하는 이는 오히려 **자신을 넘어** 나아간다. '**무언가를 믿고 가다**'가 희망의 기본 공식이다. 가브리엘 마르셀은 '나는 우리를 위해 너를 희망한다'라는 말로 '**우리**'를 향하여 '자기'를 초월하는 희망의 모든 차원을 강조했다.

희망과 믿음과 사랑은 서로 관련되어 있다. 독일 소설가 아힘 폰 아르님Achim von Arnim은 이 셋을 '아름다운 세 자매'라고 불렀다.[132] 이들은 모두 타인을 향해 있다. 희망하거나 믿거나 사랑하는 이는 **자기 자신**을 **타인**에게 내어주며 '자기'의 내부에 머무는 것을 초월한다. 그러나 하이데거의 사유에 사랑과 믿음은 없다. 거기에는 타인의 차원이 없기 때문이다. 자기 자신을 넘어서지 못하는 이는 사랑하지도, 희망하지도 못한다.

하이데거가 말하는 현존재는 '일상성'에 빠지거나 '존재할 수 있음에 대해 불안해'한다.[133] 고양된 기분이나 고조된 기분은 현존재의 본질적인 측면이 아니다. 하이데거는 현존재가 지닌 부담스러움의 특성을 계속해서 주장한다. 그는 희망마저도 부담스러움의 특성으로 귀속시킨다. 그러나 희망은 고양된 기분이 되어 우리에게서 실존의 부담을 덜어 내 준다. 희망은 현존재의 부담을 **덜어 주거나** 가볍게 해 준다. 그러한 희망에서 우리가 '내던져짐'과 '죄책'을 초월할 수 있게 해 주는 움직임과 약동이 나온다. 하이데거가 말하는 현존재는 죄책으로부터 자유로울 수 없는 존재다. 그런 현존재에게 은혜란 있을 수 없다. 그러나 희망은 **은혜**를 받을 줄 안다. 또한 하이데거는 희망의 시간성을 '이미 존재함의 양태'라고 잘못 해석한다. 희망은 '아직 아닌 존재Noch-Nicht-Sein의 양태'로 특징지어진다. 하이데거는 '**Avenir**'로서의 미래에 대해서는 알지 못한다.

희망은 우리가 **내던져져** 있지 않을 가능성, 그러면서 **그것에 대해 꿈꿀 수 있는** 가능성에 대해 민감하게 느끼게 해 준다. 하이데거의 현존재는 앞을 향해 꿈꿀 수 없다. 그는 낮의 꿈을 꿀 수 없는 셈이다. 낮의 꿈을 꾸지 못하는 존재는 불안의 꿈과 악몽만을 꾸게 된다. 불안은 가능성의 공간으로서의 미래에 접근하지 못한다. 불안이란 예상할 수 있는 것도, 예측이 가능한 것도 아니기 때문이다. 그러나 희망은 우리에게 미래적인 것, 앞으로 도래할 것, 아직 태어나지 않은 것, 잠재적인 것, 완성되어 가는 것을 보여 준다. 희망은 **메시아적 기분**이다.

하이데거의 사유는 **이미 존재했던 것, 본질**에 초점을 맞추고 있다는 점에서 그리스적이다. 그는 '가능한 것'을 **본질**에서부터 찾아 정의한다. 그것은 '앞으로 도래할 것'도, '아직 거기에 존재하지 않은 것 Noch-Nie-Dagewesene'도 아니다. 그것은 오히려 '원함직한 것', '원할 가치가 있는 것'으로서[134] 어떠한 사물이나 사람을 자신의 '본질' 안에서 자유롭게 하는 것, 그것의 '본질을 부여'하는 것을 의미한다. 하이데거는 능력도 원함의 일종으로 이해한다. "'가능한 것'이라는 말이 그것을 할 수 있다는 것을 보증하지는 않는다. 무언가를 할 수 있다는 것은 본질을 따라서 무언가가 우리 안으로 들어오도록 허용하고, 그것이 계속 들어올 수 있도록 그 유입을 절실히 지켜 내는 것을 의미하기 때문이다. 그러나 우리는 우리가 원하는 것, 우리에게 유익한 것만을 한다. 또한 우리는 이전부터 우리를 있는 그대로 원하는, 즉 우리의 본질에 애정을 품어 본질 안에 있는 우리를 원하는 대상을 원한다."[135] 하이데거의 경우, 모든 것은 본질과 기존의 것으로 향해 있다. 본질의 '닫혀 있음'을 넘어서는 개방성은 없다. 사물을 그것이 가진 본질 안에서만, 다시 말해 그것의 기존성 안에서만 이해하거나 보존하는 것이다. 그에게 '기존의 것'으로서의 본질은 **앞으로가 아니라 뒤로, 꿈꾸는 것이 아니라 회상**하는 것이다. 그는 항상 **감행**이 아닌 '보존'을 다룬다. 희망의 정령인 **엘피스**가 아니라 기억의 여신인 **므네모시네**가 하이데거의 사유를 주도한다. 그가 말하는 '존재'는 끈질긴 망각에서 벗어나야 하는 '기존의 존재'다. 즉, '드러남Unverborgenheit'의 성격을 지닌 진리는 '아직 드러나지 않은 상태의 본질'이 드러나면서 나타난다.[136] 하이데거의 사유는 이처럼 망각과 회상 사이에 갇혀 있다. 이로 인해 앞으로 도래할 것, 즉 'Avenir'로서의 미래로는 접근할 수 없다.

하이데거의 사유에는 **본질**이 표현되는 형태인 '원함' 또는 '할 수 있음'을 초월하는 '가능한 것', '앞으로 도래할 것'에 대한 민감성이 없다. **완전히 새로운 것, 완전한 다른 것**에 대해서는 닫혀 있다. **기존의 것, 본질**로 향해 가는 '과정'에 있을 뿐이다. 불안은 결국 죽음에 대한 불안이다. **탄생**이 아닌 **죽음**이 하이데거의 사유를 규정한다. 그러나 죽음에 초점을 두는 것은 아직 존재하지 않는 것, 아직 태어나지 않은 것에 대해 눈멀게 한다. 희망의 사유는 죽음이 아니라 탄생을, '세계 내에 있음'이 아니라 '세계로 나아감'을 향해 있다. '죽음을 향해 달려감'이 아니라 '새로운 탄

생을 향해 달려감'이 희망하는 사유의 작동 방식이
다. '세계로 나아감', 즉 **탄생**이 희망의 기본 공식이다.

주

1 다음에서 인용: Martha Nussbaum, *Königreich der Angst, Gedanken zur aktuellen politischen Krise,* Darmstadt 2019.

2 Friedrich Kluge, *Etymologisches Wörterbuch der deutschen Sprache,* Berlin/New York 1986, p. 313.

3 로마서 3장 3-4절 및 5절의 일부.

4 Friedrich Nietzsche, *Nachgelassene Fragmente 1875–1879, in Kritische Studienausgabe,* herausgegeben von G. Colli und M. Montinari, Berlin/New York 1988, Band 8, p. 445.

5 Terry Eagleton, *Hoffnungsvoll, aber nicht optimistisch,* Berlin 2016, p. 16.

6 Gabriel Marcel, *Philosophie der Hoff nung. Die Überwindung des Nihilismus,* München 1964, p. 56.

7 Ernst Bloch, *Das Prinzip Hoffnung,* Frankfurt/M. 1959, p. 167.

8 로마서 8장 24절.

9 Marcel, *Philosophie der Hoffnung,* a. a. O., p. 56.

10 Gabriel Marcel, *Sein und Haben,* Paderborn 1954, p. 80.

11 Derrida, Dokumentarfilm, Regie: Amy Ziering und Kirby Dick. 2002.

12 인용: Simone Pétrement, *Simone Weil. Ein Leben,* Leipzig 2007, p. 471.

13 Georg Wilhelm Friedrich Hegel, *Vorlesungen über die Geschichte der Philosophie,* in Werke in zwanzig Bänden, hrsg. von E. Moldenhauer und K. M. Michel, Frankfurt a. M. 1970, Band 20, p. 456.

14 Walter Benjamin, *Erfahrung und Armut, in: Gesammelte Schriften,* II.1, Frankfurt/M. 1991, S. 213 – 219, 여기서는: p. 216.

15 Marcel, *Philosophie der Hoffnung,* a. a. O., p. 46.

16 Bloch, *Das Prinzip Hoffnung,* a. a. O., p. 1.

17 Gabriel Marcel, *Geheimnis des Seins,* Wien 1952, p. 481.

18 Mark Fischer, *Kapitalistischer Realismus ohne Alternative? Eine Flugschrift,* Hamburg 2013, p. 9.

19 Albert Camus, *Der Mythos des Sisyphos,* Reinbek bei Hamburg 2003, p. 17.

20 Albert Camus, *Literarische Essays,* Reinbek bei Hamburg 1959, p. 106.

21 Friedrich Nietzsche, *Menschliches, Allzumenschliches, Kri-tische Studienausgabe, hrsg.* von G. Colli und M. Montinari, Berlin/ New York 1988, Band 2, p. 82.

22 Albert Camus, "Die Welt verändert sich rasch", in: Camus, *Weder Opfer noch Henker. Über eine neue Weltordnung,* Zürich 1996, p. 38 – 42, 여기서는: p. 42.

23 Camus, *Der Mythos des Sisyphos,* a. a. O., p. 67.

24 같은 책, p. 66.

25 같은 책, p. 151 이하.

26 Camus, *Literarische Essays,* a. a. O., p. 178.

27 Albert Camus, *Kleine Prosa,* Reinbek bei Hamburg 1969, p. 32.

28 Baruch de Spinoza, *Die Ethik, Sämtliche Werke*, Stuttgart 1871, 2. Band, p. 186.

29 Bloch, *Das Prinzip Hoffnung*, a. a. O., p. 127.

30 Eagleton, *Hoffnungsvoll, aber nicht optimistisch*, a. a. O., p. 103 이하.

31 Ludwig Wittgenstein, *Philosophische Untersuchungen*, in: *Werkausgabe*, Band 1, Frankfurt/M. 1984, p. 489.

32 Erich Fromm, 'Die Revolution der Hoffnung. Für eine Humanisierung der Technik', in: *Gesamtausgabe*, hrsg. von R. Funk, Bd. IV, Stuttgart 1989, p. 267.

33 같은 책, p. 269.

34 Friedrich Nietzsche, *Morgenröte, Kritische Studienausgabe*, a. a. O., Band 3, p. 322.

35 같은 책, p. 322 이하.

36 Martin Luther King, 'Ich habe einen Traum', in ders., *Mein Traum vom Ende des Hassenp. Texte für heute*, hrsg. von H.-E. Bahr und H. Grosse, Freiburg i. Br. u. a., p. 85–90, 여기서는: p. 89.

37 Bloch, *Das Prinzip Hoffnung*, a. a. O., p. 182.

38 Vgl. Sigmund Freud, *Vorlesungen zur Einführung in die Psychoanalyse, Gesammelte Werke*, Band 11, Frankfurt/M. 1944, p. 387: "Wir wissen, solche Tagträume sind Kern und Vorbilder der nächtlichen Träume. Der Nachttraum ist im Grund nichts anderes als ein durch die nächtliche Freiheit der Triebregungen verwendbar gewordener, durch die nächtliche Form der seelischen Tätigkeit entstellter Tagtraum."

39 Bloch, *Das Prinzip Hoffnung*, a. a. O., p. 102 이하.

40 Hannah Arendt, *Vita activa oder Vom tätigen Leben*, München 1967, p. 243.

41 같은 책, p. 228.

42 같은 책, p. 235.

43 같은 책, p. 240.

44 같은 책, p. 241.

45 같은 책.

46 같은 책, p. 242.

47 같은 책.

48 같은 책.

49 같은 책, p. 243.

50 같은 책.

51 Jürgen Moltmann, *Theologie der Hoff nung. Untersuchungen zur Begründung und zu den Konsequenzen einer christlichen Eschatologie,* München 1966, p. 28.

52 같은 책, p. 29.

53 같은 책, p. 15.

54 같은 책, p. 29.

55 Paul Celan, 'Rede anlässlich der Verleihung des Litera-turpreises der Freien Hansestadt Bremen', in: ders., *Ge-sammelte Werke in fünf Bänden,* Band 3, Frankfurt/M. 1983, p. 185‒186, 여기서는: p. 185 이하.

56 Ingeborg Bachmann, *Ein Tag wird kommen. Gespräche in Rom. Ein Porträt von Gerda Haller,* Salzburg/Wien 2004, p. 55, Hervorhebung von B. Han.

57 같은 책, p. 79 이하, Hervorhebung von B. Han.

58 Franz Kafka, *Nachgelassene Schriften und Fragmente I,* in: ders., Kritische Ausgabe, hrsg. von M. Pasley u. a., Frank-furt/M. 1993, p. 413.

59   Römer 4.18.

60   Franz Kafka, *Beim Bau der chinesischen Mauer. Prosa und Betrachtungen aus dem Nachlaß*, hrsg. von M. Brod und H. J. Schoeps, Leipzig/Weimar 1985, p. 14 이하.

61   같은 책, p. 7.

62   같은 책, p. 15.

63   같은 책, p. 11.

64   같은 책, p. 7 이하.

65   Václav Havel, Fernverhör. *Ein Gespräch mit Karel Hvížd'ala*, Reinbek bei Hamburg 1990, p. 219 ff. Hervor-hebung von B. Han.

66   Walter Benjamin, *Gesammelte Schriften*, Frankfurt/M. 1991, Band IV. p. 280.

67   Martin Heidegger, *Sein und Zeit*, Tübingen, 1967, S. 366.

68   Bloch, *Das Prinzip Hoffnung*, a. a. O., p. 127.

69   같은 책, p. 391.

70   Eagleton, *Hoffnungsvoll, aber nicht optimistisch*, a. a. O., p. 172.

71   같은 책, p. 188.

72   Ernst Bloch, 'Kann Hoffnung enttäuscht werden?', in: ders., *Literarische Aufsätze, Frankfurt/M.* 1985, p. 385 - 392, 여기서 는: p. 386.

73   www2.univ-paris8.fr/deleuze/article.php3?id_article=131 및 Philippe Mengue, Faire l'idiot. *La politique de Deleuze*, Editions Germina 2013.

74   Max Scheler, Liebe und Erkenntnis, in: ders., *Schriften zur Soziologie und Weltanschauungslehre*, Bern 1963, p. 77 - 98, 여 기서는: p. 77.

75　같은 책.

76　같은 책.

77　인용: Moltmann, *Theologie der Hoffnung,* a. a. O., p. 30.

78　*Scheler, Liebe und Erkenntnis,* p. 97.

79　*Briefe Martin Heideggers an seine Frau Elfriede 1915–1970,* München 2005, p. 264.

80　Gilles Deleuze / Félix Guattari, *Was ist Philosophie?,* Frankfurt a. M. 1996, p. 7.

81　같은 책.

82　Georg Wilhelm Friedrich Hegel, *Wissenschaft der Logik II, in: Werke in 20 Bänden,* hrsg. von E. Moldenhauer und K. M. Michel, Frankfurt/M. 1986, Band 6, p. 13.

83　Martin Heidegger, *Vom Wesen der Wahrheit. Zu Platons Höhlengleichnis und Theätet, Gesamtausgabe,* Band 34, Frankfurt/M. 1988, p. 238.

84　Martin Heidegger, *Beiträge zur Philosophie (Vom Ereig-nis),* Gesamtausgabe, Band 65, Frankfurt/M. 1989, p. 144.

85　같은 책, p. 415.

86　Moltmann, *Theologie der Hoffnung,* a. a. O., p. 29.

87　같은 책, p. 28.

88　인용: *Moltmann, Theologie der Hoffnung,* a. a. O., p. 30.

89　Friedrich Nietzsche, *Nachgelassene Fragmente 1882–1884, Kritische Studienausgabe,* a. a. O., Band 10, p. 602.

90　Moltmann, *Theologie der Hoffnung,* a. a. O., p. 30.

91　Georg Friedrich Wilhelm Hegel, *Grundlinien der Philosophie des Rechts oder Naturrecht und Staatswissenschaft im Grundrisse, Werke in 20 Bänden,* a. a. O., Band 7, p. 28.

92 Carl Ludwig Michelet, *Wahrheit aus meinem Leben,* Ber-lin 1884, p. 90.

93 Walter Benjamin, *Das Passagen-Werk, Gesammelte Schriften,* Band V, Frankfurt/M. 1991, p. 491.

94 Benjamin, *Das Passagen-Werk,* a. a. O., p. 1006, Hervor-hebung von B. Han.

95 같은 책, p. 1033.

96 같은 책, p. 993.

97 Marcel Proust, *Auf der Suche nach der verlorenen Zeit,* Band 1 - 7, Frankfurt/M. 1994, p. 4543 이하.

98 같은 책, p. 3625.

99 Theodor W. Adorno, Minima Moralia, *Refl exionen aus dem beschädigten Leben,* Frankfurt/M. 1951, p. 174.

100 같은 책, p. 428.

101 Theodor W. Adorno, *Gesammelte Schriften,* Band 10.1, Frankfurt/M. 2003, p. 136.

102 Adorno, *Minima Moralia,* a. a. O., p. 432 이하.

103 Bloch, *Philosophische Grundfragen I. Zur Ontologie des Noch-Nicht-Seins,* Frankfurt/M. 1961, p. 23.

104 Bloch, *Das Prinzip Hoffnung,* a. a. O., p. 144.

105 Johann Wolfgang Goethe, *Zur Farbenlehre,* Hamburger Ausgabe, Band 13, Hamburg 1971, p. 498.

106 Walter Benjamin, *Über den Begriff der Geschichte, Gesammelte Schriften,* Band 1, Frankfurt/M. 1991, p. 693.

107 Bloch, *Das Prinzip Hoffnung,* a. a. O., p. 132.

108 같은 책, p. 130.

109 같은 책, p. 132.

110 같은 책, p. 143.

111 같은 책, p. 167.

112 Ernst Bloch, *Atheismus im Christentum,* Frankfurt/M. 1968, p. 150.

113 Martin Heidegger, *Sein und Zeit,* Tübingen 1979, p. 137.

114 같은 책, p. 182.

115 같은 책, p. 190 이하.

116 같은 책, p. 189.

117 같은 책, p. 126.

118 같은 책, p. 178.

119 같은 책, p. 286 이하.

120 같은 책, p. 187.

121 Heidegger, *Beiträge zur Philosophie,* a. a. O., p. 487.

122 Martin Heidegger, *Sein und Zeit,* Tübingen, 1967, p. 288.

123 같은 책, p. 299.

124 같은 책, p. 144.

125 Heidegger, *Sein und Zeit,* a. a. O., p. 122.

126 Bloch, *Das Prinzip Hoffnung,* a. a. O., p. 118.

127 Gabriel Marcel, *Philosophie der Hoffnung,* a. a. O., p. 32.

128 Heidegger, *Sein und Zeit,* a. a. O., p. 284.

129 같은 책, p. 284.

130 같은 책, p. 134.

131 같은 책, p. 345 이하.

132 Achim von Arnim/Clemens Brentano, *Des Knaben Wunderhorn. Alte deutsche Lieder,* Frankfurt/M. 2011, p. 132.

133 Heidegger, *Sein und Zeit*, a. a. O., p. 266.

134 Martin Heidegger, *Wegmarken*, Frankfurt/M. 1967, p. 148.

135 Martin Heidegger, *Vorträge und Aufsätze*, Pfullingen 1954, p. 123.

136 *Heidegger, Wegmarken*, a. a. O., p. 243.

색인

옮긴이 **최지수**

전문 통번역사이자 박사학위 후 독어학과 통번역학을 연구하고 있다. 한양대학교와 고려대학교
독어독문학과에 출강 중이며, 출판번역 에이전시 글로하나에서 독일어 번역가로 활동하고 있다.
옮긴 책으로는 『서사의 위기』, 『나를 살리는 철학』 등이 있다.

불안사회

초판 1쇄 발행 2024년 11월 28일
초판 3쇄 발행 2024년 12월 20일

지은이 한병철
옮긴이 최지수
펴낸이 김선식

경영총괄이사 김은영
콘텐츠사업본부장 박현미
책임편집 백지윤 **디자인** 황정민 **책임마케터** 오서영
콘텐츠사업4팀장 임소연 **콘텐츠사업4팀** 황정민, 박윤아, 옥다애, 백지윤
마케팅본부장 권장규 **마케팅1팀** 박태준, 권오권, 오서영, 문서희
미디어홍보본부장 정명찬
브랜드관리팀 오수미, 김은지, 이소영, 박장미, 박주현, 서가을 **뉴미디어팀** 김민정, 고나연, 홍수경, 변승주
지식교양팀 이수인, 염아라, 석찬미, 김혜원, 이지연
편집관리팀 조세현, 김호주, 백설희 **저작권팀** 성민경, 이슬, 윤제희
재무관리팀 하미선, 임혜정, 이슬기, 김주영, 오지수
인사총무팀 강미숙, 이정환, 김혜진, 황종원
제작관리팀 이소현, 김소영, 김진경, 최완규, 이지우, 박예찬
물류관리팀 김형기, 주정훈, 김선진, 채원석, 한유현, 전태연, 양문현, 이민운

펴낸곳 다산북스 **출판등록** 2005년 12월 23일 제313-2005-00277호
주소 경기도 파주시 회동길 490 다산북스 파주사옥 3층
전화 02-702-1724 **팩스** 02-703-2219 **이메일** dasanbooks@dasanbooks.com
홈페이지 www.dasanbooks.com **블로그** blog.naver.com/dasan_books
용지 스마일몬스터 **인쇄** 민언프린텍 **코팅 및 후가공** 제이오엘앤피 **제본** 다온바인텍

ISBN 979-11-306-5864-3 (03100)

다산북스(DASANBOOKS)는 책에 관한 독자 여러분의 아이디어와 원고를 기쁜 마음으로 기다리고 있습니다.
출간을 원하는 분은 다산북스 홈페이지 '원고 투고' 항목에 출간 기획서와 원고 샘플 등을 보내주세요.
머뭇거리지 말고 문을 두드리세요.